1 Ernährung bei Niere - Yin Mangel

Diese Empfehlungen bitte immer mit dem TCM-Ernährungsberater/in, oder TCM-Arzt/in absprechen! Die Rezepte und Zutatenlisten unterstützen die Therapien nach der Traditionellen Chinesischen Medizin.

Die Kalorienangaben frischer Zutaten (Obst und Gemüse) schwanken je nach Qualität und Erntezeit. Die Inhalte wurden von einer Diätologin und einer Ernährungsberaterin für die Traditionelle Chinesische Medizin (TCM) geprüft.

Autor:
©2016 Josef Miligui
www.ebns.at

AF163436

Titelfoto:
©2008 Erika Weixlbaumer

Quelle:
Die Listen werden aus der TCME-Datenbank für die Ernährungsberatung generiert. Die Datenbank wird von Ernährungsberater, Therapeuten, Ärzte und Gastronomiebetrieben für die Beratung der Patienten/Klienten und Gästen verwendet.

Literaturliste:
Wir haben die Unterlagen als Wissensbasis genutzt und an unsere Erfahrungen angepasst und ergänzt.
http://ebns.at/index.php/de/datenbank/literaturliste

Herstellung und Verlag:
BoD – Books on Demand, Norderstedt
ISBN 978-3-7431-0035-0

TCM - Ernährung bei- Niere - Yin Mangel
(Buch: 254)

2 Definition der möglichen Symptome

Befragen
Allgemein
  Blasenentzündungen
Vertigo
  5 heiße Stellen
Vergesslichkeit
  (Schwank)-Schwindel
Durst
  ja
  abends Mundtrockenheit
Emotionen
  innere Unruhe
  Ängstlichkeit
  Überempfindlichkeit
  Nervosität
Gehör
  Schwerhörigkeit
  Tinnitus (langsam)
Gesicht
  heiße Wangen
Gewicht
  Abgemagertheit (TBC, Schwindsucht)
Körper
  Rücken- ,Knochenschmerzen
Schwitzen
  Nachtschweiss
Stuhl
  trockene Verstopfung
Urin
  dunkel, spärlich

Pulsdiagnostik
Puls
  Oberflächlich, schnell, dünn

Zungendiagnostik
Zunge

rot, belaglos, viele Risse oder blass-rötlich mit vielen roten Punkten, wurzelloser Belag

1	Ernährung bei Niere - Yin Mangel	1
2	Definition der möglichen Symptome	2
3	Therapiestrategie	5
4	Vermeiden	5
5	Speiseplan	5
5.1	Frühstück	5
5.2	Jause	6
5.3	Mittag	6
5.4	Nachmittag	7
5.5	Abend	7
5.6	Jederzeit	8
6	Rezepte	8
6.1	Acht Schätze Reis	8
6.2	Adzukibohnen-Reis-Suppe	9
6.3	Beerentraum	9
6.4	Birnen Kompott	10
6.5	Birnensaft	10
6.6	Blattsalat mit Frischkäse	11
6.7	Bulgur mit Tomaten und frischen Kräutern	11
6.8	Buntes Reisgericht	12
6.9	Erdbeersuppe mit Melonen	13
6.10	Exotisches Linsengericht	13
6.11	Gemüsetopf mit Provenzalischer Pistou	14
6.12	Geröstete Hirse mit Stangensellerie	15
6.13	Grundrezept für eine Reissuppe (Congee)	16
6.14	Hühnersuppe mit Angelikawurzel und Bocksdornfrüchten	16
6.15	Japanische Algensuppe	17
6.16	Karotten- Reisschleimsuppe	17
6.17	Kartoffelcreme mit Kräuter-Frischkäse	18
6.18	Kohlrabi in Kerbelsoße mit Kartoffeln	18
6.19	Kohlrabi Zweierlei	19
6.20	Kühlendes Reisgericht mit Grapefruit	20
6.21	Kürbis-Nockerl mit Parmesan und Petersiliensoße	20
6.22	Kürbis-Nockerl mit Tomate-Petersiliensauce	21
6.23	Kürbissuppe	22
6.24	Linsen-Reis-Eintopf	23
6.25	Palatschinken mit Spinat und Parmesan	23
6.26	Reis mit gedämpftem Gemüse	24
6.27	Reis mit Pastinake	25
6.28	Reisbrei mit Hiobsträne (Samen) Yi Yi Ren	25

6.29	Reisbrei mit Orangenschale	26
6.30	Reis-Congee mit Honigbirne und schwarzem Sesam	26
6.31	Reis-Congee mit Karotten und Fenchel	27
6.32	Reis-Congee mit Mungobohnen	27
6.33	Reis-Congee mit Trockenfrüchten	28
6.34	Reissuppe mit Ente	28
6.35	Rindfleischsuppe mit Karotten, Lauch, Lorbeer	29
6.36	Rosmarinkartoffeln	29
6.37	Roter Traubensaft mit Eigelb	30
6.38	Schwarzwurzel mit Joghurt	30
6.39	Selleriesaft	30
6.40	Spinat mit Sesmammus (Tahin)	31
6.41	Spinat-Flan mit Milch	31
6.42	Suppe mit Gurken und Tomaten	32
6.43	Tee Algentee	32
6.44	Tee Basilikumtee	33
6.45	Tee Fructus Lychee	33
6.46	Tee Stangensellerietee	33
6.47	Trauben-Kompott	34
6.48	Traubensaft (frisch, selbstgemacht)	34
6.49	Weizenfrischkornbrei mit Birnen	35
7	Wirkung der Lebensmittel	35
7.1	Zutaten verwenden: empfehlenswert	35
7.2	Zutaten verwenden: ja	38
7.3	Zutaten verwenden: wenig	41
7.4	Kontraindikativ wirkende Lebensmittel nicht verwenden	44
8	Therapeutische Kräuter und deren Wirkungen	45
9	Kräuter aus den Rezepten und deren Wirkungen	45
9.1	Basilikum	45
9.2	Dill	45
9.3	Kerbel getrocknet	45
9.4	Kresse	45
9.5	Lauchzwiebel Schnittlauch	45
9.6	Liebstöckel	46
9.7	Lilienzwiebel	46
9.8	Makannasternsamen	46
9.9	Oregano getrocknet	46
9.10	Petersilie	46
9.11	Rosmarin	46
9.12	Salbei	46
9.13	Schwarzkümmel	46
9.14	Thymian getrocknet	47
9.15	Yamswurzel, Yamswurzelknolle	47

10 Grundlagen der Ernährung 48
10.1 Ernährung 48
10.2 Rezepte 50
10.2.1 Rezepte nach Folge der Elemente kochen 51
10.3 Lebensmittel 51
10.4 Kräuter 53
11 Weitere Ernährungsvorschläge 54
12 EBNS - Software für die Ernährungsberatung 57

3 Therapiestrategie

NiYin nähren, Mitte stärken, Lebensstil ändern (Ruhe, Erholung, Schlaf) heiß NEIN, warm WENIG, neutral u erfrischend JA, kalt WENIG

4 Vermeiden

Bitter austrocknendes konsequent vor allem Kaffee, scharfheiße u - warme Gewürze, salzige Nahrungsmittel, rotes Fleisch, gegrilltes, frittiertes, Stress. Zeitdruck, Bildschirm, spät schlafen

5 Speiseplan

Kalorien

5.1 Frühstück

Adzukibohnen-Reis-Suppe	199
Beerentraum	273
Birnensaft	180
Bulgur mit Tomaten und frischen Kräutern	205
Buntes Reisgericht	437
Geröstete Hirse mit Stangensellerie	400
Kartoffelcreme mit Kräuter-Frischkäse	217
Kohlrabi in Kerbelsoße mit Kartoffeln	187
Kohlrabi Zweierlei	278
Kühlendes Reisgericht mit Grapefruit	234
Kürbis-Nockerl mit Parmesan und Petersiliensoße	431
Kürbis-Nockerl mit Tomate-Petersiliensauce	380
Reis mit Pastinake	206
Reisbrei mit Hiobsträne (Samen) Yi Yi Ren	211
Reisbrei mit Orangenschale	119

Reis-Congee mit Honigbirne und schwarzem Sesam 158
Reis-Congee mit Karotten und Fenchel 131
Reis-Congee mit Mungobohnen 424
Reis-Congee mit Trockenfrüchten 210
Reissuppe mit Ente 160
Rosmarinkartoffeln 188
Selleriesaft 33
Spinat-Flan mit Milch 250
Traubensaft (frisch, selbstgemacht) 73
Weizenfrischkornbrei mit Birnen 309

5.2 Jause

Adzukibohnen-Reis-Suppe 199
Beerentraum 273
Kohlrabi Zweierlei 278

5.3 Mittag

Acht Schätze Reis 212
Adzukibohnen-Reis-Suppe 199
Beerentraum 273
Birnensaft 180
Blattsalat mit Frischkäse 802
Bulgur mit Tomaten und frischen Kräutern 205
Buntes Reisgericht 437
Erdbeersuppe mit Melonen 87
Exotisches Linsengericht 143
Gemüsetopf mit Provenzalischer Pistou 137
Geröstete Hirse mit Stangensellerie 400
Hühnersuppe mit Angelikawurzel und Bocksdornfrüchten 77
Japanische Algensuppe 47
Kartoffelcreme mit Kräuter-Frischkäse 217
Kohlrabi in Kerbelsoße mit Kartoffeln 187
Kühlendes Reisgericht mit Grapefruit 234
Kürbis-Nockerl mit Parmesan und Petersiliensoße 431
Kürbis-Nockerl mit Tomate-Petersiliensauce 380
Kürbissuppe 104
Linsen-Reis-Eintopf 232
Palatschinken mit Spinat und Parmesan 329
Reis mit gedämpftem Gemüse 92
Reis mit Pastinake 206
Reisbrei mit Hiobsträne (Samen) Yi Yi Ren 211
Reisbrei mit Orangenschale 119

Reis-Congee mit Honigbirne und schwarzem Sesam 158
Reis-Congee mit Karotten und Fenchel 131
Reis-Congee mit Mungobohnen 424
Reis-Congee mit Trockenfrüchten 210
Reissuppe mit Ente 160
Rindfleischsuppe mit Karotten, Lauch, Lorbeer 194
Rosmarinkartoffeln 188
Schwarzwurzel mit Joghurt 284
Selleriesaft 33
Spinat mit Sesmammus (Tahin) 150
Spinat-Flan mit Milch 250
Suppe mit Gurken und Tomaten 137
Traubensaft (frisch, selbstgemacht) 73
Weizenfrischkornbrei mit Birnen 309

5.4 Nachmittag

Trauben-Kompott 128

5.5 Abend

Adzukibohnen-Reis-Suppe 199
Birnensaft 180
Buntes Reisgericht 437
Erdbeersuppe mit Melonen 87
Exotisches Linsengericht 143
Gemüsetopf mit Provenzalischer Pistou 137
Geröstete Hirse mit Stangensellerie 400
Hühnersuppe mit Angelikawurzel und Bocksdornfrüchten 77
Japanische Algensuppe 47
Kohlrabi in Kerbelsoße mit Kartoffeln 187
Kühlendes Reisgericht mit Grapefruit 234
Kürbis-Nockerl mit Parmesan und Petersiliensoße 431
Kürbis-Nockerl mit Tomate-Petersiliensauce 380
Kürbissuppe 104
Linsen-Reis-Eintopf 232
Palatschinken mit Spinat und Parmesan 329
Reis mit gedämpftem Gemüse 92
Reis mit Pastinake 206
Reisbrei mit Hiobsträne (Samen) Yi Yi Ren 211
Reisbrei mit Orangenschale 119
Reis-Congee mit Honigbirne und schwarzem Sesam 158
Reissuppe mit Ente 160
Rindfleischsuppe mit Karotten, Lauch, Lorbeer 194

Rosmarinkartoffeln 188
Schwarzwurzel mit Joghurt 284
Selleriesaft 33
Spinat mit Sesmammus (Tahin) 150
Suppe mit Gurken und Tomaten 137
Traubensaft (frisch, selbstgemacht) .. 73
Weizenfrischkornbrei mit Birnen 309

5.6 Jederzeit

Birnensaft 180
Geröstete Hirse mit Stangensellerie ... 400
Reis mit Pastinake 206
Reisbrei mit Hiobsträne (Samen) Yi Yi Ren ... 211
Reisbrei mit Orangenschale 119
Reis-Congee mit Honigbirne und schwarzem Sesam ... 158
Selleriesaft 33
Spinat-Flan mit Milch 250
Trauben-Kompott 128
Traubensaft (frisch, selbstgemacht) ... 73
Weizenfrischkornbrei mit Birnen 309

6 Rezepte

empfehlenswert = Sie können mehr verwenden, weniger = wenn möglich weniger verwenden.
TL=Teelöffel, EL=Esslöffel, L=Liter, g=Gramm
M=Metall, W=Wasser, H=Holz, F=Feuer, E=Erde.
(Die Kochanleitung nach den Elementen finden Sie im Kapitel „Rezepte" am Ende des Buches.)

6.1 Acht Schätze Reis

Stärkt Niere und Blase, Baut Qi auf, Stärkt die Milz, Vertreibt Feuchtigkeit, reduziert innere Hitze, beugt Krebs vor, baut Herz auf, beruhigt Nerven.
Kalorien p. Portion 212
Kochdauer ca. 1 Stunde
Thermische Wirkung: neutral

Menge	Zutaten	
1 EL	Lilienzwiebel	empfehlenswert
1 EL	Longane	wenig
1 EL	Weißwurz	
1 EL	Yamswurzel, Yamswurzelknolle	

1 EL	Hiobsträne (Samen) YiYi Ren	ja	
1 EL	Makannasternsamen		
2 Tassen	Reis Wilder (Naturreis)	empfehlenswert	M
8-10 Tassen	Wasser	ja	E

Kochanleitung:
Je 1 EL: Bai He (Lilienzwiebel), Longan (Longane/Drachenaugenfrucht), Yu Zhu (Wohlriechender Weißwurz-Wurzelstock), Da Zao, Shan Yao (Yamswurzel, Yamswurzelknolle), Lian Mi, Yi Yi Ren (Samen der Hiobsträne), Qian Shi (Makannasternsamen)

Mit heißem Wasser übergießen und ca. 30 Min einweichen.
Anschließend: 1 – 2 Tassen Reis (normal) hinzufügen und ½ bis 1 Stunde köcheln, bis der Reis sehr weich ist. Oder: Mit Vollwertreis ca. 3 Stunden lang mit den Kräutern ein Congee kochen. Dann müssen die Kräuter nicht eingeweicht werden.

6.2 Adzukibohnen-Reis-Suppe

Reduziert Feuchtigkeit, leitet nach unten, reduziert Magen-Darm-Hitze, baut Essenz auf, stärkt Muskeln nach Hitze-Erkrankung: baut Körpersäfte auf.
Kalorien p. Portion 199
Kochdauer ca. 2 Sunden
Thermische Wirkung: neutral

Menge	Zutaten		
8 EL	Adzukibohnen	wenig	W
2 EL	Reis Rundkornreis	empfehlenswert	M
2 Tassen	Wasser	ja	E
1 EL	Honig	wenig	E

Kochanleitung:
Eingeweichte Adzukibohnen und Rundkornreis im Verhältnis 4:1 so lange bei kleiner Hitze in Wasser kochen, bis ein dünner Brei entstanden ist. Nach Bedarf süßen; eventuell pürieren.

Wirkung: Dieses Rezept kräftigt Niere, Milz und Magen und ist besonders für Mütter mit zu wenig Milchfluss geeignet

6.3 Beerentraum

Befeuchtet Trockenheit, bewahrt die Säfte.
Kalorien p. Portion 273
Kochdauer ca. 10 min.
Thermische Wirkung: neutral

Menge	Zutaten		
2 EL	Kokosraspeln	ja	E
1 TL (Pulver)	Kardamom		M
1 Prise	Salz	ja	W
250 ml.	Schafmilch Joghurt		F
250 g.	Beeren der Saison		H
1 Rippe	Schokolade bittere 70%		F
1 EL	Honig	wenig	E
4 EL	Amaranth POPS		F

Kochanleitung:
Die Bitterschokolade reiben oder mit einem Messer grob hacken. Die Beeren waschen, trocken tupfen und einige Beeren zur Seite legen. Das Schafmilch-Joghurt in einer Schüssel mit der Schokolade, den Kokosraspeln, Kardamompulver und der Prise Salz verrühren. Die Beeren auf zwei Schüsseln aufteilen und mit Joghurt bedecken. Mit den restlichen Beeren und Amaranth POPS garnieren. Bei Bedarf mit Honig süßen.

6.4 Birnen Kompott

Befeuchtet Lunge, reduziert Lungenschleim, nährt Lungen Qi.
Kalorien p. Portion 100
Kochdauer ca. 20
Thermische Wirkung: kühl
Therapeutisches Rezept

Menge	Zutaten		
2 Tassen	Wasser	ja	E
4	Birne	empfehlenswert	E

Kochanleitung:
Bio-Birnen halbieren. Kerne und Haut können verwendet werden. Birne in den Topf geben und Wasser dazu geben. Bis zu 20 min köcheln, bis die Birnen weich sind.

6.5 Birnensaft

Befeuchtet Lunge, reduziert Lungenschleim, nährt Lungen Qi.
Kalorien p. Portion 180
Kochdauer ca. 5 min.
Thermische Wirkung: kühl

Menge	Zutaten		
3 Stück	Birne	empfehlenswert	E

Kochanleitung:
Birnen dünn schälen (Vitamine unter der Schale) und entkernen. In der Saftpresse entsaften.

6.6 Blattsalat mit Frischkäse

Stärkt Herz und Nieren Yin.
Kalorien p. Portion 802
Kochdauer ca. 5 min.
Thermische Wirkung: neutral

Menge	Zutaten		
2 Portionen	Blattsalate (bitter)	empfehlenswert	F
150 g.	Frischkäse aus Soja		W
1 Messerspitze	Senf		M
1 Schuß	Zitrone Saft	weniger als angegeben	H
1 Prise	Salz	ja	W
1 Prise	Pfeffer (gemahlen)	weniger als angegeben	M
2 TL	Kräuter verschiedene	empfehlenswert	
1 Prise	Schwarzkümmel	weniger als angegeben	
2 Scheiben	Vollkornbrot		H

Kochanleitung:
Blattsalat waschen und fein zupfen.
150 ml Frischkäse, Spritzer Senf, Spritzer Zitronensaft, 1 Zehe Knoblauch, gehackte frische Kräuter, Prise Pfeffer und zerstoßenem Schwarzkümmel verrühren und drüber gießen. Dazu Vollkornbrot servieren.

6.7 Bulgur mit Tomaten und frischen Kräutern

Sehr erfrischend baut Säfte auf. Nicht: bei Feuchtigkeit. bei Nieren- und Herz-Yin-Mangel, bei Yang-Fülle; bei Schlaf Störungen, innerer Unruhe;
Kalorien p. Portion 205
Kochdauer ca. 30 min.
Thermische Wirkung: neutral

Menge	Zutaten		
1 Tasse	Bulgur (Getreide)	ja	H
2 Stück	Tomate	empfehlenswert	H
2 EL	Rucola (Rauke)	empfehlenswert	F
1 Prise	Rosenpaprika		F
2 EL	Olivenöl	ja	E
1 Prise	Pfeffer (gemahlen)	weniger als angegeben	M
1 Prise	Salz	ja	W
4 Blätter	Basilikum	empfehlenswert	M
1 Zweig	Thymian	weniger als angegeben	W
1/2 Stück	Zitrone Saft	weniger als angegeben	H

Kochanleitung:
Kaltes Wasser in einem Topf aufsetzen; Bulgur hineinstreuen und gar köcheln; kleingeschnittene Tomaten, frische Kräuter wie Basilikum, Thymian, Rucola, eine Prise Rosenpaprika, Zitronensaft, einen Schuß

Olivenöl, etwas gemahlenen Pfeffer, etwas Salz unterrühren.

Variante: Etwas Mozzarella im Erdelement dazugeben. Sofern kein Yin-Mangel besteht, darf es auch Schafskäse im Feuerelement sein.

Empfehlung: ideale Morgenmahlzeit im Sommer; ebenfalls geeignet als Abendmahlzeit, insbesondere bei Schlafstörungen.

6.8 Buntes Reisgericht

Stärkt Milz und Leber, reguliert Qi-Fluss, entspannt, baut Qi auf, verteilt. trocknet aus, leitet nach unten. Stärkt Magen-Qi. Stärken Magen und Niere, stärkt Milz und Niere, stärkt Nieren Jang.
Kalorien p. Portion 437
Kochdauer ca. 45 Min. (+Grundrezept)
Thermische Wirkung: neutral

Menge	Zutaten		
2 TL	Olivenöl	ja	E
1 Stück	Zwiebel Frühlingszwiebel	wenig	M
125 g.	Rind Fleisch	wenig	E
80 g.	Reis Vollkorn	ja	M
300 ml.	Grundrezept für eine Gemüsebrühe nahrhaft		
50 g.	Sellerie Knolle	empfehlenswert	E
1 Stück	Lauch (Porree)	empfehlenswert	M
150 g.	Bohnen (grün, frisch)		W
1 Stück	Karotte (Mohrrübe, Möhre)	ja	E
2 Stück	Tomate	empfehlenswert	H
1 Prise	Salz	ja	W
1 Prise	Pfeffer (gemahlen)	weniger als angegeben	M
1 Prise	Rosenpaprika Pulver		F
2 EL	Kräuter verschiedene	empfehlenswert	

Kochanleitung:
Lauch und Karotten waschen, putzen und kleinschneiden. Sellerie würfeln, Tomaten in Scheiben schneiden.

In einer großen, tiefen Pfanne mit Öl, Zwiebel und zusammen mit dem Hackfleisch anbraten.

Naturreis und vorbereitetes Gemüse (Sellerie, Lauch, Bohnen, Möhre, Tomaten) dazugeben. Kurz mit andünsten.
Mit Salz, Pfeffer und Paprika würzen. Gemüsebrühe hinzufügen.
Aufkochen lassen und bei geringer Hitze ca. 20 bis 30 Minuten bei kleiner Hitze und geschlossenem Deckel garen lassen.
Mit frischen gehackten Kräutern bestreuen und servieren.

6.9 Erdbeersuppe mit Melonen

Stärkt Blut, kühlt Blut, bewahrt die Säfte, zieht zusammen, befeuchtet.
Kalorien p. Portion 87
Kochdauer ca. 5 Min.
Thermische Wirkung: kühl

Menge	Zutaten		
300 g.	Erdbeere	empfehlenswert	H
70 ml	Erdbeersaftgetränk	empfehlenswert	H
1/4 TL	Zitrone Schale	empfehlenswert	F
200 g	Honigmelone	empfehlenswert	E

Kochanleitung:
Erdbeeren (frisch oder tiefgekühlt) und Erdbeersaft mit dem Mixstab pürieren, wenig Zucker untermischen.
Melonenfruchtfleisch in kleine Stücke schneiden.
Erdbeersuppe portionsweise anrichten. Melonenwürfel in die süße Suppe setzen.

6.10 Exotisches Linsengericht

Nährt Lungen-Yin, produziert Körpersäfte. Baut Qi auf, verteilt. Weicht auf. Löst Stagnation. Nährt Leber-Yin, produziert Körpersäfte.
Kalorien p. Portion 143
Kochdauer ca. 45 Min.
Thermische Wirkung: neutral

Menge	Zutaten		
1 EL	Sesamöl	ja	E
2 Stück	Zwiebel weiss	wenig	M
1/2 TL	Ingwer frisch	weniger als angegeben	M
1/2 TL	Thymian getrocknet		M
1/2 TL	Cumin (Kreuzkümmel)	wenig	M
1 Tasse	Linsen rot	ja	W
3 cm	Wakame	empfehlenswert	W
1/2 Stück	Zitrone	weniger als angegeben	H
2 Prisen	Bockdornfrüchte (Fructus Lycii) getrocknet		H
1 Prise	Zucker Ursüße (Zuckerrohr) süß	wenig	E
1 Prise	Chili (Schote oder gemahlen)	weniger als angegeben	M
1 Prise	Salz	ja	W
1/2 TL	Essig (Apfelessig)	wenig	H
1 Stück	Tomate	empfehlenswert	H
200 g	Mangold	empfehlenswert	E
200 g	Blumenkohl (Karfiol)	ja	E
1 Prise	Salz	ja	W
1/2 Tasse	Reis Vollkorn	ja	M
3 Tassen	Wasser	ja	E
1 Prise	Salz	ja	W

Kochanleitung:
In einem heißen Topf .. Sesamöl erhitzen; kleingeschnittene Zwiebeln, geriebener Ingwer, getrockneten Thymian, reichlich Cumin sanft anbraten; geschälte rote Linsen, einen Streifen Wakame, etwas Zitronensaft, heißes Wasser, etwas getrocknete Bocksdornfrüchte dazugeben; etwa 20 Minuten köcheln, bis die Linsen gar sind; heißes Wasser nach Belieben nachgießen, so dass ein Brei entsteht; etwas Vollrohrzucker, etwas Chili, Salz zufügen; mit Essig, Zitronensaft abschmecken; einige kleingeschnittene Tomaten nach Belieben dazugeben; einige Minuten durchziehen lassen.
In einem kleinen Topf mit 1 Tasse Wasser und etwas Salz den Blumenkohl 10 min. weichkochen. In einem kleinen Topf mit 1 Tasse Wasser und Salz den Mangold 3 min. blanchieren.
Den Reis kurz aufkochen, salzen und 10 min. ziehen lassen. Alles mit dem Linsengericht anrichten.

6.11 Gemüsetopf mit Provenzalischer Pistou

Stärkt Milz und Leber, reguliert Qi-Fluss, entspannt, baut Qi auf, verteilt. trocknet aus, leitet nach unten. Stärkt Magen-Qi. Reguliert Qi, wärmt das Innere, senkt Kälte ab, stärkt Magen, lindert Obstipation.
Kalorien p. Portion 137
Kochdauer ca. 1 1/2 Stunden (+Grundrezept)
Thermische Wirkung: neutral

Menge	Zutaten		
200 g.	Tomate	empfehlenswert	H
2 EL	Olivenöl	ja	E
1 Zehe	Knoblauch	weniger als angegeben	M
30 g.	Parmesan	wenig	E
1 Scheibe	Toastbrot (Vollkorn)		H
1 Bund	Basilikum (frisch)	empfehlenswert	M
1 Prise	Salz	ja	W
1 Prise	Pfeffer (gemahlen)	weniger als angegeben	M
1 TL	Oregano getrocknet	weniger als angegeben	M
1 1/4 Liter	Grundrezept für eine Gemüsebrühe nahrhaft		
150 g.	Karotte (Mohrrübe, Möhre)	ja	E
100 g.	Sellerie Knolle	empfehlenswert	E
200 g.	Brokkoli	ja	E
1 Stück	Fenchel	empfehlenswert	E
1/2 TL	Thymian getrocknet		M
1/2 TL	Oregano getrocknet	weniger als angegeben	M
1 Stück	Lorbeerblatt		M
50 g.	Erbse, grün	empfehlenswert	W
4 Stück	Zwiebel Frühlingszwiebel	wenig	M
100 g.	Kartoffel	ja	E

Kochanleitung:
Soße
Tomaten, abziehen und in kleine Stücke schneiden. Olivenöl, fein gehackte Knoblauchzehe in einem Topf ein wenig einkochen. 1 Scheibe trockenes Toastbrot (zerkrümelt), frischer fein geriebener Parmesan, fein geschnittener Basilikum, Oregano, Salz und Pfeffer dazugeben.
Suppe
Gemüsebrühe nach Grundrezept zum kochen bringen, in grobe Scheiben geschnittenen Karotten, würfelig geschnittenen Sellerie, würfelig geschnittene Kartoffel, kleine Röschen Brokkoli, kleingeschnittene Fenchelknolle, Erbsen, Thymian, Oregano und das Lorbeerblatt hinzufügen und 10 min. kochen lassen.

4 Frühlingszwiebeln in dünne Ringe schneiden und weitere 2 min. kochen.

Soße in eine Suppenschüssel geben. Zuerst nur einige Esslöffel. Kochend heiße Brühe damit verrühren, dann die Suppe nach und nach unterrühren.

6.12 Geröstete Hirse mit Stangensellerie

Stärkt Milz und Niere, diuretisch. Bewegt Leber-Qi, kühlt Hitze, befeuchtet, entspannt, baut Qi auf, verteilt.
Kalorien p. Portion 400
Kochdauer ca. 30
Thermische Wirkung: kühl

Menge	Zutaten		
1 Tasse	Hirse	ja	E
2 Tassen	Wasser	ja	E
2 Stangen	Sellerie Stangensellerie	empfehlenswert	E
2 EL	Wasser	ja	E
1 EL	Kräuter verschiedene	empfehlenswert	
1 Prise	Salz	ja	W
3-4 Blätter	Salbei	ja	F
1 TL	Kresse	empfehlenswert	M

Kochanleitung:
Hirse kurz anrösten, mit Wasser übergießen kurz aufkochen und 20 min. quellen lassen.
Stangensellerie klein schneiden und mit Wasser, Salz und frische Kräuter 10 min. kochen und zu der Hirse geben. Frischen Salbei oder Kresse kleingehackt drüberstreuen.

6.13 Grundrezept für eine Reissuppe (Congee)

Wärmt Magen und Milz, harmonisiert den Darm, stärkt Qi-Funktion, reduziert Feuchtigkeit.
Kalorien p. Portion 140
Kochdauer ca. 2-4 Stunden
Thermische Wirkung: warm

Menge	Zutaten		
1 Tasse	Reis Sorte beliebig	ja	M
6 Tassen	Wasser	ja	E

Kochanleitung:
Man kocht Reis und Wasser in einem Verhältnis von etwa 1:6. Die Menge des Wassers bestimmt die Dicke des Breis (reine Geschmacksache). Der Reis quillt unwahrscheinlich auf, nehmen Sie also nicht viel. Geben Sie den Reis in einen Topf mit einem schweren Deckel. Wichtig ist, den Reis nach kurzem Aufkochen nur auf kleinster Flamme köcheln zu lassen, da er sonst anbrennt.
Kochen Sie den Reis 2-4 Stunden. Je länger er kocht, umso mehr stärkt er. Wenn Sie das Gericht zum Frühstück essen möchten, können Sie den Reis auch kurz vor dem Zubettgehen aufsetzen. Sicherheitshalber sollten Sie vorher einmal unter Beobachtung für eine ähnlich lange Zeit das Verhalten Ihres Topfes und Herdes prüfen, damit nichts anbrennt.

6.14 Hühnersuppe mit Angelikawurzel und Bocksdornfrüchten

Stärkt Milz und nährt das Blut und das Yin der Leber. Stärkt Qi und Blut; ist sehr wärmend.
Kalorien p. Portion 77
Kochdauer ca. 1 1/2 Stunden
Thermische Wirkung: warm

Menge	Zutaten	
1/2 Liter	Grundrezept für eine Hühnerbrühe wärmend	
5 g.	Angelikawurzel	
50 g.	Bocksdornfrüchte (Fructus Lycii) getrocknet	H

Kochanleitung:
Hühnerbrühe laut Grundrezepte. In den letzten 40 Minuten Angelikawurzel und Bocksdornfrüchte mitkochen.

Einnahme: Täglich 2-3 Tassen Brühe trinken.

6.15 Japanische Algensuppe

Stärkt Milz und Leber, reguliert Qi-Fluss, befeuchtet, entspannt, baut Qi auf, verteilt. Nährt Lunge und Milz, vertreibt Schleim, löst Schleim, löst Stagnation, leitet nach oben. Bewegt Qi und Yang.
Kalorien p. Portion 47
Kochdauer ca. 20 Min.
Thermische Wirkung: neutral

Menge	Zutaten		
25 g.	Wakame	empfehlenswert	W
1/2 Liter	Wasser	ja	E
1-2 Stk.	Zwiebel Schalotte	wenig	M
50 g.	Rettich (weiß, grün, lila-rot)	wenig	M
2 Stück	Karotte (Mohrrübe, Möhre)	ja	E
2 EL	Miso		W
2 EL	Petersilie	empfehlenswert	H
1 EL geschnitten	Zwiebel Frühlingszwiebel	wenig	M

Kochanleitung:
Wakame einige Minuten in Wasser einweichen, herausnehmen und das Wasser zum Kochen bringen. Fein geschnittene Zwiebeln und in feine Streifen geschnittene Wakame, Rettich und Karotten zugeben und weitere 10 Minuten köcheln. Miso in etwas abgekühltem Kochwasser lösen und am Ende dazugeben. Mit Petersilie und Frühlingszwiebeln bestreuen.

6.16 Karotten- Reisschleimsuppe

Wärmt Magen und Milz, harmonisiert den Darm, stärkt Qi-Funktion, reduziert Feuchtigkeit. Stärkt Milz und Leber, reguliert Qi-Fluss, befeuchtet, entspannt, baut Qi auf, verteilt.
Kalorien p. Portion 101
Kochdauer ca. 10 Min. (+Grundrezept)
Thermische Wirkung: warm
Therapeutisches Rezept

Menge	Zutaten		
1 Tasse	Grundrezept für eine Reissuppe	empfehlenswert	
2 Stück	Karotte (Mohrrübe, Möhre)	ja	E
1 TL	Salz	ja	W

Kochanleitung:
Karotten schälen und reiben. Die Reissuppe aufkochen und die geriebenen Karotten und Salz dazugeben. 10 Minuten kochen.

6.17 Kartoffelcreme mit Kräuter-Frischkäse

Stärkt Qi, stärkt Milz, lindert Entzündungen, befeuchtet, entspannt, baut Qi auf, verteilt. Bewahrt die Säfte, zieht zusammen. Leitet nach oben. Nährt Blut und Leber, harmonisiert Leber und Milz.
Kalorien p. Portion 217
Kochdauer ca. 25 Min.
Thermische Wirkung: neutral

Menge	Zutaten		
250 g.	Kartoffel (mehlige)		E
80 g.	Frischkäse	wenig	H
3 EL	Joghurt (Natur, 1,5 % Fett)	wenig	F
1/2 Bund	Lauchzwiebel Schnittlauch	weniger als angegeben	M
1 TL	Basilikum (frisch)	empfehlenswert	M
1 TL	Petersilie	empfehlenswert	H
1/2 TL	Dill	wenig	M
1 Prise	Salz	ja	W
1 Prise	Schwarzkümmel	weniger als angegeben	
1 Prise	Pfeffer (gemahlen)	weniger als angegeben	M

Kochanleitung:
Kartoffeln in der Schale weich dämpfen, abziehen und durch die Kartoffelpresse drücken.
Frischkäse, Joghurt und Kräuter unter die Kartoffeln mischen, mit Salz, zerstoßenem Schwarzkümmel und Pfeffer abschmecken.

6.18 Kohlrabi in Kerbelsoße mit Kartoffeln

Stärkt Qi, stärkt Milz, lindert Entzündungen, entspannt, verteilt. Bewegt Qi und Blut, diuretisch. Stärkt Milz und Leber, reguliert Qi-Fluss. Kühlt Hitze. Reduziert inneren Wind, löst Stagnation, leitet nach oben.
Kalorien p. Portion 187
Kochdauer ca. 1 Stunde (+Grundrezept)
Thermische Wirkung: neutral

Menge	Zutaten		
6 Stück	Kartoffel	ja	E
300 ml.	Grundrezept für eine Gemüsebrühe nahrhaft		
100 g.	Kartoffel	ja	E
1 Prise	Muskatnuss	weniger als angegeben	M
1/2 TL	Zitrone Schale	empfehlenswert	F
1/2 TL	Ingwer frisch	weniger als angegeben	M
1/2 TL	Liebstöckel	weniger als angegeben	M
300 g.	Kohlrabi	ja	E
1 Prise	Salz	ja	W
1 Prise	Pfeffer (gemahlen)	weniger als angegeben	M
3 EL	Sauerrahm 15% Fett	weniger als angegeben	H
1 Bund	Kerbel getrocknet		

Kochanleitung:
Die Kartoffeln in Salzwasser weichkochen.
Die Hälfte der Gemüsebrühe zum Kochen bringen. Gewürfelte Kartoffeln, Muskat, Zitronenschale, Ingwer und Liebstöckel dazugeben. Kartoffeln zugedeckt ca. 10 Minuten weich kochen und alles mit dem Mixstab zu einer glatten Soße pürieren.
Restliche Gemüsebrühe zum Kochen bringen. Kohlrabi in Würfel schneiden und hinzufügen und zugedeckt ca. 8 Minuten kochen. Die Kartoffelsoße unterrühren und alles kurz erhitzen.
Mit dem Mixstab Kerbel und Sauerrahm fein pürieren. Die Kerbelcreme mit dem Kohlrabigemüse vermischen.
Mit den gekochten, geschälten Kartoffeln anrichten.

6.19 Kohlrabi Zweierlei

Bewegt Qi und Blut, diuretisch, reduziert Feuchtigkeit. Stärkt Qi, stärkt Milz, lindert Entzündungen, befeuchtet, entspannt, baut Qi auf, verteilt. Stärkt Nieren-Jing.
Kalorien p. Portion 278
Kochdauer ca. 25 Min.
Thermische Wirkung: warm

Menge	Zutaten		
1/2 Stück	Kohlrabi	ja	E
100 g.	Kartoffel	ja	E
1 EL	Butter Bio	ja	E
1 Stück	Huhn Eigelb	empfehlenswert	E

Kochanleitung:
Die Blätter vom Kohlrabi entfernen, die Knolle und die zartesten Blätter sowie die Kartoffeln gründlich waschen. Den Kohlrabi und die Kartoffeln schälen, in etwa 1 cm große Würfel schneiden. Die Hälfte der Butter in einem kleinen Topf zerlassen, den Kohlrabi und die Kartoffeln dazugeben und darin dünsten. Mit 2 Esslöffeln Wasser im geschlossenen Topf bei schwacher Hitze etwa 15 Minuten dünsten. Inzwischen die zartesten Kohlrabiblätter von den Stielen befreien und sehr fein hacken. Insgesamt sollten höchstens 2 Esslöffel Blattstückchen verwendet werden. Diese etwa 5 Minuten vor Ende der Garzeit zum Gemüse geben und mitkochen. Das Eigelb unterrühren und nochmals kurz aufkochen lassen. Das Gemüse in einen Warmhalteteller füllen und mit der restlichen Butter und dem Eigelb vermischen. Mit einer Gabel grob zerdrücken.

6.20 Kühlendes Reisgericht mit Grapefruit

Senkt das Lungen-Qi ab, nährt Säfte, löst Schleim, trocknet aus, leitet nach unten. Wärmt Magen und Milz, harmonisiert den Darm, stärkt Qi-Funktion, reduziert Feuchtigkeit. Stärkt Qi und Nieren-Jing, befeuchtet, entspannt, baut Qi auf, verteilt.
Kalorien p. Portion 234
Kochdauer ca. 20 Min.
Thermische Wirkung: neutral

Menge	Zutaten		
1 Tasse	Reis Rundkornreis	empfehlenswert	M
5 Tassen	Wasser	ja	E
2 EL	Haselnüsse	ja	E
2 EL	Rosinen	wenig	E
1 EL	Agavendicksaft		
1 Prise	Salz	ja	W
1 EL	Mandelmus	wenig	E
1 Stück	Grapefruit/Pampelmuse/Pomelo	wenig	F
2 TL	Butter Bio	ja	E

Kochanleitung:
Vorbereitung am Vorabend: Rundkornreis in kaltes Wasser geben und kochen. In etwas heißem Wasser gehackte Haselnüsse, Rosinen über Nacht einweichen.

Am Morgen: In wenig heißes Wasser etwas Agavendicksaft einrühren; den Reis dazugeben und erhitzen; eine kleine Prise Salz, Mandelmus, kleingeschnittene Grapefruit, die eingeweichten gehackten Haselnüsse und Rosinen dazugeben und vermischen; mit einem kleinen Stück Butter darauf servieren.

6.21 Kürbis-Nockerl mit Parmesan und Petersiliensoße

Nährt Yin von Herz und Niere, bewahrt die Säfte, zieht zusammen. Stärkt Blut, Yin und Jing, befeuchtet bei innerer Trockenheit, stärkt Blut, stärkt Milz, beruhigt Nerven und Magen. Nährt Leber-Yin, kühlt Hitze, produziert Körpersäfte.
Kalorien p. Portion 431
Kochdauer ca. 30 Min.
Thermische Wirkung: neutral

Menge	Zutaten		
100 g.	Hokkaidokürbis		E
2 Stück	Huhn Ei	empfehlenswert	E
100-150 g.	Weizen Mehl	empfehlenswert	H
1 Prise	Salz	ja	W
1 Prise	Pfeffer (gemahlen)	weniger als angegeben	M

Menge	Zutaten		
1 Prise	Muskatnuss	weniger als angegeben	M
1/2 TL	Zitrone Schale	empfehlenswert	F
2 EL	Parmesan	wenig	E
2 Stück	Zwiebel Frühlingszwiebel	wenig	M
100 g.	Tomate	empfehlenswert	H
1/4 Bund	Petersilie	empfehlenswert	H
1 Prise	Salz	ja	W
1 EL	Olivenöl	ja	E
1 EL	Parmesan	wenig	E

Kochanleitung:
Kürbis mit einem scharfen Messer schälen, die Kerne entfernen und das Fruchtfleisch in große Würfel schneiden. Kürbis in Alufolie wickeln, im vorgeheizten Ofen bei 200 ° C 20 Minuten backen. Eventuell ausgetretenen Kürbissaft abgießen.
Kürbis mit der Gabel fein zerdrücken. Kürbis und Ei glatt rühren. So viel Mehl einrühren bis ein Teig entsteht, aus welchem sich Nockerl abstechen lassen. Die Masse mit Zitronenschale, Salz, Pfeffer und Muskat würzen.
Mit einem Teelöffel kleine Nockerl abstechen. KürbisNockerl im siedenden Salzwasser ca. 7 Minuten ziehen lassen.
Petersilie fein hacken und mit dem Olivenöl und Salz verrühren.
Kürbisnockerl portionsweise mit der Petersiliensoße anrichten.
Parmesan dazu reichen.

6.22 Kürbis-Nockerl mit Tomate-Petersiliensauce

Nährt Yin von Herz und Niere, bewahrt die Säfte, zieht zusammen. Stärkt Blut, Yin und Jing, befeuchtet bei innerer Trockenheit, stärkt Blut, stärkt Milz, beruhigt Nerven und Magen, produziert Körpersäfte.
Kalorien p. Portion 380
Kochdauer ca. 30 Min.
Thermische Wirkung: neutral

Menge	Zutaten		
100 g.	Hokkaidokürbis		E
2 Stück	Huhn Ei	empfehlenswert	E
100-150 g.	Weizen Mehl	empfehlenswert	H
1 Prise	Salz	ja	W
1 Prise	Pfeffer (gemahlen)	weniger als angegeben	M
1 Prise	Muskatnuss	weniger als angegeben	M
1/2 TL	Zitrone Schale	empfehlenswert	F
2 EL	Parmesan	wenig	E
2 Stück	Zwiebel Frühlingszwiebel	wenig	M
100 g.	Tomate	empfehlenswert	H
1/2 Bund	Petersilie	empfehlenswert	H
1 Prise	Salz	ja	W

Kochanleitung:
Kürbis mit einem scharfen Messer schälen, die Kerne entfernen und das Fruchtfleisch in große Würfel schneiden. Kürbis in Alufolie wickeln, im vorgeheizten Ofen bei 200 ° C 20 Minuten backen. Eventuell ausgetretenen Kürbissaft abgießen.
Kürbis mit der Gabel fein zerdrücken. Kürbis und Ei glatt rühren. So viel Mehl einrühren bis ein Teig entsteht, aus welchem sich Nockerl abstechen lassen. Die Masse mit Zitronenschale, Salz, Pfeffer und Muskat würzen.
Mit einem Teelöffel kleine Nockerl abstechen. Kürbisnockerl im siedenden Salzwasser ca. 7 Minuten ziehen lassen.
In einer Pfanne den Zwiebel glasig rösten, die Tomatenwürfel, Salz und die gehackte Petersilie kurz andünsten.
Kürbisnockerl portionsweise mit der Tomate-Petersiliensoße anrichten. Parmesan dazu reichen.

6.23 Kürbissuppe

Stärkt Lunge und Milz, diuretisch, stärkt Qi, schützt Leber. Stärkt Qi, stärkt Milz, lindert Entzündungen, befeuchtet, entspannt, baut Qi auf, verteilt, reguliert Qi-Fluss, befeuchtet, entspannt, baut Qi auf, verteilt.
Kalorien p. Portion 104
Kochdauer ca. 1 Stunde
Thermische Wirkung: warm

Menge	Zutaten		
300 g.	Kürbis	wenig	E
2 Stück	Karotte (Mohrrübe, Möhre)	ja	E
2 Stück	Kartoffel	ja	E
1 EL	Olivenöl	ja	E
1 Stück	Zwiebel weiss	wenig	M
1 Tasse	Wasser	ja	E
1 EL	Petersilie	empfehlenswert	H
1 Prise	Anis (gemeiner Fenchel)	wenig	E
1 Prise	Salz	ja	W

Kochanleitung:
Olivenöl in Pfanne geben, in Würfel geschnittener Kürbis, gewürfelte Karotten und Kartoffel dazugeben, kurz andünsten, klein geschnittene Zwiebel dazugeben, mit Wasser auffüllen, soviel Wasser, dass das Gemüse mind. 3 Fingerbreiten bedeckt ist, Aufkochen lassen und dann auf kleines Feuer stellen.
Mit Meersalz salzen, klein geschnittene Petersilie dazugeben, eine Prise Anis (wenig), evt. noch nachwürzen. Alles zusammen ca. 35 Minuten köcheln lassen. Anschließend die Suppe pürieren und evt. nochmals Wasser dazugeben, je nach Konsistenz der Suppe.

6.24 Linsen-Reis-Eintopf

Stärkt Milz und Leber, reguliert Qi-Fluss, befeuchtet, entspannt, baut Qi auf, verteilt. Wärmt Magen und Milz, harmonisiert den Darm, stärkt Qi-Funktion, reduziert Feuchtigkeit. Bewegt Leber-Qi, kühlt Hitze.
Kalorien p. Portion 232
Kochdauer ca. 25 Min.
Thermische Wirkung: warm

Menge	Zutaten		
100 g.	Linsen (Helmbohnen)	ja	W
5 Tassen	Wasser	ja	E
1 Tasse	Reis Sorte beliebig	ja	M
1 EL	Sesamöl	ja	E
2 Stück	Karotte (Mohrrübe, Möhre)	ja	E
2 Stangen	Sellerie Stangensellerie	empfehlenswert	E
1 Prise	Cumin (Kreuzkümmel)	wenig	M
1 Prise	Salz	ja	W
1 Schuß	Essig (Apfelessig)	wenig	H
2 EL	Petersilie	empfehlenswert	H

Kochanleitung:
Linsen einweichen; in einem heißen Topf Sesamöl erhitzen; Karotte und Stangensellerie klein schneiden und andünsten; Reis, eine Prise Cumin und Linsen dazugeben und aufkochen; wenn die Linsen weich sind, Salz zugeben; mit etwas Essig abschmecken und mit Petersilie garnieren.

Variante: Im Sommer kann man das Cumin weglassen und frische grüne Erbsen, Chinakohl oder Stangensellerie dazu nehmen.

6.25 Palatschinken mit Spinat und Parmesan

Nährt Blut und Yin, stärkt Zang-Organe, stärkt Magen-Darm, harmonisiert Qi, befeuchtet Lunge. Nährt Säfte, befeuchtet Trockenheit. Stärkt Blut, Yin und Jing, nährt Yin. Nährt Yin von Herz und Niere, befeuchtet, bewahrt die Säfte, zieht zusammen.
Kalorien p. Portion 329
Kochdauer ca. 25 Min. (+Grundrezept)
Thermische Wirkung: neutral

Menge	Zutaten		
100 g.	Vollkornmehl		H
100 g.	Weizen Mehl	empfehlenswert	H
4 Stück	Huhn Ei	empfehlenswert	E
400 ml.	Kuhmilch (Vollmilch 3,5 % Fett)	wenig	E
1 Prise	Salz	ja	W
1 EL	Sonnenblumenöl	ja	E

Menge	Zutaten		
1 EL	Olivenöl	ja	E
1 Stück	Zwiebel weiss	wenig	M
1/2 Bund	Petersilie	empfehlenswert	H
150 ml.	Grundrezept für eine Gemüsebrühe	nahrhaft	
1/4 TL	Basilikum (frisch)	empfehlenswert	M
1 Prise	Muskatnuss	weniger als angegeben	M
3 EL	Creme fraiche	ja	F
600 g.	Spinat	empfehlenswert	E
1 Prise	Salz	ja	W
1 Prise	Pfeffer (gemahlen)	weniger als angegeben	M
60 g.	Parmesan	wenig	E

Kochanleitung:

Mehl, Eier und Milch und eine Prise Salz mit dem Schneebesen glatt rühren. Aus dem Teig Palatschinken auf beiden Seiten knusprig braun braten.

Öl in einem kleinen Topf erhitzen. Kleingeschnittene Zwiebel darin gut weich dünsten. Kleingehackte Petersilie unterrühren, kurz mitdünsten. Mit der Gemüsebrühe aufgießen, mit Basilikum und Muskat würzen. Zugedeckt 15 Minuten köcheln, Creme fraiche dazugeben und alles fein pürieren.

Den gewaschenen tropfnassen Spinat mit etwas Salz in einem geschlossenen Topf bei mäßiger Hitze in 3 Minuten zusammenfallen, in einem Sieb abtropfen lassen und in kleine Stücke schneiden.
Spinat in die Soße rühren, kurz erhitzen. Parmesan untermischen.
Die Palatschinken mit dem Cremespinat füllen.

6.26 Reis mit gedämpftem Gemüse

Leitet Hitze und Feuchtigkeit aus
Kalorien p. Portion 92
Kochdauer ca. 20 min (+Grundrezept)
Thermische Wirkung: neutral

Menge	**Zutaten**		
1 Tasse	Grundrezept für eine Reissuppe	empfehlenswert	
3 Tassen	Wasser	ja	E
1 Stück	Zitrone Schale	empfehlenswert	F
1/8 Liter	Wasser	ja	E
2 Stück	Karotte (Mohrrübe, Möhre)	ja	E
1/2 Stück	Sellerie Stangensellerie	empfehlenswert	E
1/2 Tasse	Champignon	empfehlenswert	E
2 EL	Kresse	empfehlenswert	M
1 Schuß	Leinöl	empfehlenswert	E

Kochanleitung:
Reis nach Grundrezept kochen. Zitronenschale mitkochen.
Wasser aufstellen und kleingeschnittene Karotten, Stangensellerie und Champignons in Gemüseeinsatz dämpfen bis sie weich sind. Anschließend mit Kresse bestreuen. Dann ein Schuß hochwertiges kaltes Öl zugeben

6.27 Reis mit Pastinake

Reguliert Qi, trocknet aus, leitet nach unten. Wärmt Magen und Milz, harmonisiert den Darm, stärkt Qi-Funktion, reduziert Feuchtigkeit. Befeuchtet, entspannt, baut Qi auf, verteilt. Vertreibt Schleim, leitet nach unten, Aktiviert Wei Qi, stärkt Qi.
Kalorien p. Portion 206
Kochdauer ca. 45 Min.
Thermische Wirkung: kühl

Menge	**Zutaten**		
1 Tasse	Reis Sorte beliebig	ja	M
2 Tassen	Wasser	ja	E
1 Prise	Salz	ja	W
3-4 Stück	Pastinake	empfehlenswert	F
1 EL	Olivenöl	ja	E
1 TL	Salbei	ja	F

Kochanleitung:
Pastinake schälen und in Scheiben schneiden. Kurz in Öl anbraten. Reis hinzugeben und kurz anbraten. Mit Wasser übergießen und mind. 30 min. kochen lassen. Mit wenig frischem gehacktem Salbei bestreuen.

6.28 Reisbrei mit Hiobsträne (Samen) Yi Yi Ren

Wärmt Magen, harmonisiert den Darm, stärkt Qi-Funktion, reduziert Feuchtigkeit. Stärkt Milz, nährt und stärkt Lunge, reduziert innere Hitze, beugt Krebs vor. Bewegt Qi und Blut, diuretisch, kühlt bei innerer Hitze.
Kalorien p. Portion 211
Kochdauer ca. 2 Stunden
Thermische Wirkung: neutral

Menge	**Zutaten**		
4 Tassen	Wasser	ja	E
1 Tasse	Reis Sorte beliebig	ja	M
1/4 Stück	Zitrone Schale	empfehlenswert	F
1/2 Tasse	Hiobsträne (Samen) YiYi Ren	ja	
1 EL	Kresse	empfehlenswert	M

Kochanleitung:
Reisbrei nach Grundrezept und eine halbe Tasse Yi Yi Ren und Zitronenschale mitkochen. 1 Stunde köcheln und danach Kresse drüberstreuen.

6.29 Reisbrei mit Orangenschale

Wärmt Magen und Milz, harmonisiert den Darm, stärkt Qi-Funktion, reduziert Feuchtigkeit. Bewegt Leber-Qi, kühlt Hitze, befeuchtet, entspannt, baut Qi auf, verteilt. Nährt Blut, befeuchtet, entspannt, baut Qi auf, verteilt.
Kalorien p. Portion 119
Kochdauer ca. 10 Min. (+Grundrezept)
Thermische Wirkung: neutral

Menge	Zutaten		
1 Tasse	Reis Sorte beliebig	ja	M
6 Tassen	Wasser	ja	E
1/4 Stück	Orange abgeriebene Schale		
1 EL	Olivenöl	ja	E
1/2 Tasse	Champignon	empfehlenswert	E
1/2 Staude	Sellerie Stangensellerie	empfehlenswert	E
3-4 EL	Grundrezept für eine Hühnerbrühe wärmend		
1 Prise	Salz	ja	W

Kochanleitung:
Man kocht am Vortag Reis, Orangenschale und Wasser in einem Verhältnis von etwa 1:6. Die Menge des Wassers bestimmt die Dicke des Breis (reine Geschmackssache). Der Reis quillt unwahrscheinlich auf, nehmen Sie also nicht viel. Geben Sie den Reis in einen Topf mit guter Isolierung und einem schweren Deckel. Wichtig ist, den Reis nach kurzem Aufkochen nur auf kleinster Flamme köcheln zu lassen, da er sonst anbrennt. Kochen Sie den Reis 2-4 Stunden. Je länger er kocht, umso mehr stärkt er Qi und Blut.
In einem Topf das Öl erhitzen, die kleingeschnittenen Champignon und Sellerie hineingeben, und kurz anbraten. Den Reis hinzugeben. Gemüsebrühe oder Wasser hinzugeben, aufwärmen, salzen.

6.30 Reis-Congee mit Honigbirne und schwarzem Sesam

Speziell bei Nieren Yin Mangel. Befeuchtet Lunge, produziert Körpersäfte, befeuchtet, entspannt, baut Qi auf, verteilt, nährt Yin.
Kalorien p. Portion 158
Kochdauer ca. 10 Min. (+Grundrezept)
Thermische Wirkung: neutral

Menge	Zutaten		
2 Tassen	Grundrezept für eine Reissuppe	empfehlenswert	
2 Stück	Birne	empfehlenswert	E
1 TL	Sesam, Schwarzer	empfehlenswert	H

Kochanleitung:
Reis-Congee nach Grundrezept kochen oder vorbereiteten verwenden.

Topf mit 3 cm Wasser befüllen und aufkochen lassen. Birnen vierteln (mit Haut und Kerne) und hineingeben und mit schwarzem Sesam 10 min zugedeckt köcheln lassen. Mit dem Reis mischen.

6.31 Reis-Congee mit Karotten und Fenchel

Nährend baut Qi auf, stärkt die Verdauungsfunktionen
Kalorien p. Portion 131
Kochdauer ca. 2 Stunden und mehr
Thermische Wirkung: warm

Menge	Zutaten		
1/2 Liter	Grundrezept für eine Reissuppe	empfehlenswert	
2 Stück	Karotte (Mohrrübe, Möhre)	ja	E
1 Stück	Fenchel	empfehlenswert	E
1 TL	Butter Bio	ja	E
1/2 TL	Kardamom		M

Kochanleitung:
Reis-Congee nach Grundrezept kochen.
Hinweis:
Wenn Karotten und Fenchel von Anfang an mitgekocht werden, dienen sie der Bekömmlichkeit. Werden sie kurz vor Ende der Kochzeit zugegeben, bleiben Geschmack und Vitamine erhalten.
Vor dem servieren mit Butter und Kardamom verfeinern.

6.32 Reis-Congee mit Mungobohnen

Wärmt Magen und Milz, harmonisiert den Darm, stärkt Qi-Funktion, reduziert Feuchtigkeit. Reduziert Hitze und Gift, weicht auf, leitet nach unten. Befeuchtet, führt ab, antiparasitisch.
Kalorien p. Portion 424
Kochdauer ca. bis zu 2 Stunden
Thermische Wirkung: warm

Menge	Zutaten		
4 Tassen	Grundrezept für eine Reissuppe	empfehlenswert	
1/2 Tasse	Mungobohne	empfehlenswert	W
2 EL	Kräuter verschiedene	empfehlenswert	
2 EL	Rapsöl	ja	E

Kochanleitung:
Reis nach Grundrezept. Mungobohnen am Vortag einweichen und mit dem Reis mitkochen.

Zum Schluss frische Kräuter und einen Schuß hochwertiges kaltgepresstes Öl dazugeben.

6.33 Reis-Congee mit Trockenfrüchten

Wärmt Magen und Milz, harmonisiert den Darm, stärkt Qi-Funktion, reduziert Feuchtigkeit. Nährt Blut und Yin, harmonisiert Lungen-Qi. Stärkt Qi und Nieren-Jing, befeuchtet, entspannt, baut Qi auf, verteilt.
Kalorien p. Portion 210
Kochdauer ca. 10 Min. (+Grundrezept)
Thermische Wirkung: warm

Menge	Zutaten		
4 Tassen	Grundrezept für eine Reissuppe (Congee)	empfehlenswert	
1/2 EL	Butter Bio	ja	E
6 EL	Aprikose getrocknet		E
1/2 Tasse	Wasser	ja	E
1 Schuß	Ahornsirup	ja	E

Kochanleitung:
Reis-Congee nach Grundrezept kochen.
Etwas Butter bei kleiner Flamme zerlassen und klein geschnittene Trockenfrüchte mit 1/2 Tasse Wasser kurz darin dünsten. Die für die Mahlzeit gewünschte Menge an Reisbrei zugeben und erhitzen. Heiß servieren und bei Bedarf mit Ahornsirup nachsüßen.
Variante: Zusätzlich frisches Obst mit andünsten.

6.34 Reissuppe mit Ente

Nährt Yin. Wärmt Magen und Milz, harmonisiert den Darm, stärkt Qi-Funktion, reduziert Feuchtigkeit. Nährt Blut und Leber, harmonisiert Leber und Milz. Befeuchtet, entspannt, baut Qi auf, verteilt
Kalorien p. Portion 160
Kochdauer ca. 1 1/2 Stunden
Thermische Wirkung: kühl

Menge	Zutaten		
1 Tasse	Reis Rundkornreis	empfehlenswert	M
8 Tassen	Wasser	ja	E
250 g.	Ente (Frühmastente, schlachtfrisch)	empfehlenswert	H
4-6 Stück	Shiitake, getrocknet	empfehlenswert	E
2 EL	Petersilie	empfehlenswert	H
1 TL	Butter Bio	ja	E
1 Schuß	Sojasauce	weniger als angegeben	W

Kochanleitung:
Shiitakepilze einweichen. Reissuppe nach Grundrezept zubereiten. In den letzten 30 Kochminuten Entenfleisch und Shiitakepilze zugeben. Austernpilze, Petersilie und etwas Butter erst ganz am Ende hineingeben. Mit Sojasoße nachwürzen.
Variante: Eingeweichte und gekochte Adzukibohnen zugeben. Sie verstärken den harntreibenden Effekt.

6.35 Rindfleischsuppe mit Karotten, Lauch, Lorbeer

Stärkt Milz-Qi, stärkt Blut und Qi, befeuchtet, entspannt, baut Qi auf, verteilt. Stärkt Milz und Leber, reguliert Qi-Fluss. Stärkt Magen-Qi.
Kalorien p. Portion 194
Kochdauer ca. 2-3 Stunden
Thermische Wirkung: warm

Menge	Zutaten		
1/2 Kg.	Rind Fleisch	wenig	E
2 Stück	Karotte (Mohrrübe, Möhre)	ja	E
1/2 Stück	Lauch (Porree)	empfehlenswert	M
3 Blätter	Lorbeerblatt		M
1 EL	Mais Grieß (Polenta)	empfehlenswert	E
1/2 Liter	Wasser	ja	E
1 Prise	Salz	ja	W

Kochanleitung:
Wenig kaltes Wasser aufsetzen (soviel, dass das Fleisch eben bedeckt wird); Rindersuppenfleisch oder Beinscheibe zum Kochen bringen und einen Moment sieden lassen; dann die Brühe weggießen, das Fleisch mit heißem Wasser abbrausen (dadurch erspart man sich das Abschäumen), den Topf säubern und erneut das Fleisch in heißem Wasser aufsetzen; kleingeschnittene Karotte, Lauch, den Mais und Lorbeer hinzugeben; köcheln, bis das Fleisch gar ist.

6.36 Rosmarinkartoffeln

Stärkt Qi, stärkt Milz, lindert Entzündungen, entspannt, baut Qi auf, verteilt.
Kalorien p. Portion 188
Kochdauer ca. 30 Min.
Thermische Wirkung: neutral

Menge	Zutaten		
6-8 Stück	Kartoffel	ja	E
1 Prise	Salz Kräutersalz		W
1 EL	Olivenöl	ja	E
1 TL	Rosmarin	weniger als angegeben	F

Kochanleitung:
Kartoffeln in der Länge halbieren, wenig Olivenöl auf die Schnittfläche streichen, salzen, 2 - 3 Rosmarinnadeln auf jede halbe Kartoffel streuen, Kartoffeln auf Backblech stellen und im vorgeheizten Backofen ca. 25 Minuten auf 190 Grad backen.

6.37 Roter Traubensaft mit Eigelb

Kalorien p. Portion 271
Kochdauer ca. 5 Min.
Thermische Wirkung: warm
Therapeutisches Rezept

Menge	Zutaten		
1/4 Liter	Traubensaft rot	empfehlenswert	E
1 Stück	Huhn Eigelb	empfehlenswert	E

Kochanleitung:
Eigelb im Traubensaft verquirlen.

6.38 Schwarzwurzel mit Joghurt

Nährt Yin, entspannt, baut Qi auf. Befeuchtet Trockenheit, bewahrt die Säfte.
Kalorien p. Portion 284
Kochdauer ca. 20 min
Thermische Wirkung: kühl

Menge	Zutaten		
1/2 Kg.	Schwarzwurzel	ja	E
4 EL	Joghurt (Natur, 1,5 % Fett)	wenig	F
1 Prise	Salz	ja	W
2 EL	Kräuter verschiedene	empfehlenswert	
6 Scheiben	Mehrkornbrot (Graubrot)		H

Kochanleitung:
Schwarzwurzel schälen und in Salzwasser kochen bis sie weich sind. Das Wasser wegschütten, Schwarzwurzel auskühlen lassen und klein schneiden. Mit Joghurt übergießen und mit frischen Kräutern bestreuen. Mit dem Mehrkornbrot servieren.

6.39 Selleriesaft

Stärkt Magen-Qi, befeuchtet, entspannt, baut Qi auf, verteilt.
Kalorien p. Portion 33
Kochdauer ca. 5 Min.
Thermische Wirkung: kühl

Menge	Zutaten		
1/2 Stück	Sellerie Knolle	empfehlenswert	E
1 Tasse	Wasser	ja	E
1 Prise	Salz	ja	W

Kochanleitung:
Seller Knolle entsaften und mit Wasser mischen und nach Bedarf salzen.

6.40 Spinat mit Sesmammus (Tahin)

Nährt Blut und Yin, stärkt Zang-Organe, stärkt Magen-Darm, harmonisiert Qi, befeuchtet Lunge. Stärkt Qi, stärkt Milz, lindert Entzündungen, befeuchtet, entspannt, baut Qi auf, verteilt. Nährt Blut.
Kalorien p. Portion 150
Kochdauer ca. 20 Min.
Thermische Wirkung: kühl

Menge	Zutaten		
500 g.	Kartoffel	ja	E
1 Prise	Salz	ja	W
1/4 Liter	Wasser	ja	E
1 Kg	Spinat	empfehlenswert	E
2 EL	Sesam Paste (Tahini)	empfehlenswert	E

Kochanleitung:
Kartoffeln kochen und schälen. Wasser erhitzen. Spinat blanchieren. Wasser abschütteln und trocknen lassen und mit Sesammus verrühren.

6.41 Spinat-Flan mit Milch

Stärkt Qi, stärkt Milz, lindert Entzündungen, befeuchtet, entspannt, baut Qi auf, verteilt. Stärkt Blut, Yin und Jing, nährt Yin, befeuchtet bei innerer Trockenheit. Nährt Blut und Yin, stärkt Zang-Organe.
Kalorien p. Portion 250
Kochdauer ca. 1 Stunde
Thermische Wirkung: kühl

Menge	Zutaten		
100 g.	Kartoffel	ja	E
50 g.	Spinat	empfehlenswert	E
1 Stück	Huhn Ei	empfehlenswert	E
1 TL	Brösel (Weizenbrot, Semmel)		H
6 EL	Kuhmilch (Vollmilch 3,5 % Fett)	wenig	E
1 TL	Creme fraiche	ja	F
1 TL	Butter Bio	ja	E

Kochanleitung:
Die Kartoffeln waschen und mit wenig Wasser in etwa 20 Minuten garen. Etwas Wasser aufkochen. Den frischen Spinat putzen und ins kochende Wasser geben (den gefrorenen unaufgetaut), wieder aufkochen und etwa 2 Minuten sprudelnd kochen lassen. Den Spinat abtropfen lassen und pürieren. Die Kartoffeln schälen und durch die Kartoffelpresse drücken oder mit dem Kartoffelstampfer zerdrücken. Mit dem Spinat, dem Ei und den Semmelbröseln verrühren. Eine kleine, feuerfeste Form (Inhalt etwa 300 ml) mit der Butter ausfetten und das Gemüsemus einfüllen. Die Form in einen Topf stellen und so viel Wasser in den Topf gießen, dass die Form zu zwei Dritteln im Wasserbad steht. Zugedeckt bei mittlerer Hitze etwa 15 Minuten kochen lassen. Die Milch mit der Creme fraiche erwärmen. Den Spinat-Flan auf einen Teller stürzen und mit der Milch umgießen.

6.42 Suppe mit Gurken und Tomaten

Kühlt, diuretisch, reduziert feuchte Hitze. Nährt Leber-Yin, kühlt Hitze, produziert Körpersäfte. Beruhigt Nerven und Magen.
Kalorien p. Portion 137
Kochdauer ca. 10 Min.
Thermische Wirkung: kühl

Menge	Zutaten		
1 Stück	Gurke	empfehlenswert	E
4 Stück	Tomate (sehr reife)	empfehlenswert	H
1 Stück	Zwiebel weiss	wenig	M
1/2 Stück (grün)	Paprika	empfehlenswert	E
1 Prise	Salz	ja	W
1 Schuß	Essig (Apfelessig)	wenig	H
1 Tasse	Wasser	ja	E
2 Stück	Huhn Ei	empfehlenswert	E

Kochanleitung:
Alle Zutaten im Mixer pürieren. Im Kühlschrank abkühlen. Beim Servieren mit kleingeschnittenen Semmelwürfel und kleingeschnittenem hartgekochtes Ei bestreuen.

6.43 Tee Algentee

Stärkt Herz Blut und Feuer, stärkt Herz und Nieren Yin.
Kalorien p. Portion 0
Kochdauer ca. 10 min.
Thermische Wirkung: kühl
Therapeutisches Rezept

Menge	Zutaten		
2 TL	Hijiki		W
1/2 Liter	Wasser heiss	ja	

Kochanleitung:
Hijiki Alge mit heißem Wasser ca. 10 min köcheln lassen. Danach Sud trinken.

6.44 Tee Basilikumtee

Trocknet aus, leitet nach unten.
Kalorien p. Portion 0
Kochdauer ca. 10 Min.
Thermische Wirkung: warm
Therapeutisches Rezept

Menge	Zutaten		
1 TL	Basilikum	empfehlenswert	M
1/2 Liter	Wasser	ja	E

Kochanleitung:
Wasser zum sieden bringen und wegstellen. Basilikum dazugeben und 10 min. ziehen lassen. Ev. mit Honig süßen

6.45 Tee Fructus Lychee

Nährt Blut und Säfte, reguliert Qi, produziert Körpersäfte, beruhigt Geist, stärkt Qi.
Kalorien p. Portion 3
Kochdauer ca. 10 Min.
Thermische Wirkung: neutral
Therapeutisches Rezept

Menge	Zutaten		
2 TL	Lychee	ja	
1/2 Liter	Wasser	ja	E

Kochanleitung:
Wasser zum sieden bringen und wegstellen. Fructus Lychee dazugeben und 10 min. ziehen lassen. Ev. mit Honig süßen.

6.46 Tee Stangensellerietee

Bewegt Leber-Qi, kühlt Hitze, befeuchtet, entspannt, baut Qi auf, verteilt.
Kalorien p. Portion 0
Kochdauer ca. 15 Min.
Thermische Wirkung: kühl
Therapeutisches Rezept

Menge	Zutaten		
2 EL gehackte	Sellerie Stangensellerie	empfehlenswert	E
1/2 Liter	Wasser	ja	E

Kochanleitung:
Wasser zum sieden bringen und wegstellen. Kleingeschnittene Stangensellerie dazugeben und 10 min. ziehen lassen. Ev. mit Honig süßen. Beim eingießen abseihen.

6.47 Trauben-Kompott

Befeuchtet, entspannt, baut Qi auf, verteilt. Befeuchten Lunge und Dickdarm.
Kalorien p. Portion 128
Kochdauer ca. 10 Min.
Thermische Wirkung: kühl

Menge	Zutaten		
150 g.	Trauben rot	empfehlenswert	E
4 EL	Wasser	ja	E
1 TL	Mandeln	ja	E

Kochanleitung:
Die Trauben von den Stielen lösen, in warmem Wasser gründlich waschen und abtropfen lassen. Die Trauben halbieren (Für Babys die Kerne entfernen). In einem kleinen Topf 4 Esslöffel Wasser mit den Trauben und den geriebenen Mandeln zum Kochen bringen. Bei schwacher Hitze etwa 3 Minuten kochen lassen, dann kalt stellen. (Für Babys handwarm).

6.48 Traubensaft (frisch, selbstgemacht)

Befeuchtet, entspannt, baut Qi auf, verteilt.
Kalorien p. Portion 73
Kochdauer ca. 15 Min.
Thermische Wirkung: neutral

Menge	Zutaten		
400 g.	Trauben weiß	empfehlenswert	E

Kochanleitung:
Für etwa 200 ml Saft 400 g weiße Trauben (ersatzweise Beeren oder Steinobst) vom Stängel zupfen, gründlich waschen, abtropfen lassen und halbieren. In den Siebeinsatz des Schnellkochtopfes füllen. Auf den Boden des Topfes etwa 2 cm hoch Wasser einfüllen, das Einsatzkreuz, die Saftschale (Zubehör) und den Siebeinsatz mit den Trauben übereinander stapeln. Den Topf schließen und die Trauben etwa 12 Minuten lang entsaften.

6.49 Weizenfrischkornbrei mit Birnen

Befeuchtet Lunge, kühlt Hitze, reduziert Lungenschleim. Nährt Yin von Herz und Niere, stärkt Herz und Niere. Befeuchtet, entspannt, baut Qi auf, verteilt.
Kalorien p. Portion 309
Kochdauer ca. 25 Min.
Thermische Wirkung: kühl

Menge	Zutaten		
1 Tasse	Weizen	empfehlenswert	H
2-4 Tassen	Wasser	ja	E
2 Stück	Birne	empfehlenswert	E
1 EL	Rosinen	wenig	E
1 EL	Sesam, Weißer	ja	E
1 EL	Sonnenblumenkerne	empfehlenswert	E
1 Prise	Kardamom		M
1 Prise	Salz	ja	W

Kochanleitung:
Vorbereitung am Vorabend: Weizen grob schroten; über Nacht einweichen.

Am Morgen: Mit etwas heißem Wasser den Weizenschrot aufsetzen; etwa 15 Minuten unter Rühren köcheln; währenddessen, Birnenkompott, Rosinen,
zerstoßenen Sesam, Sonnenblumenkerne, etwas gemahlenen Kardamom, eine kleine Prise Salz dazugeben.

Varianten: mit geriebenem Apfel oder mit Obst der Saison.

7 Wirkung der Lebensmittel

7.1 Zutaten verwenden: empfehlenswert

Agar-Agar, Agartang 37
Aloesaft ....-
Artischocke.. 12
Austernpilze... 31
Avocado 233
Barsch 121
Basilikum 27
Basilikum (frisch) 27
Beerensaft .... -
Birne 60
Blattsalate (bitter) 16

Borretschöl	-
Brombeere	29
Buchweizen (geröstet) Kasha	-
Calamari	88
Champignon	27
Chicorée	16
Chlorella (Süßwasser)	-
Endiviensalat	19
Ente (Frühmastente, schlachtfrisch)	227
Ente (Herz)	-
Erbse, grün	81
Erbsen	145
Erdbeere	37
Erdbeersaftgetränk	30
Fenchel	31
Fischreste	-
Fischstücke gemischt (Süßwasser)	100
Forelle	105
Gelee Royal	-
Grundrezept für eine Entenbrühe	660
Grundrezept für eine Reissuppe (Congee)	50
Grundrezept für eine Rindermarkknochenbrühe	-
Gurke	13
Heidelbeere	37
Himbeere	34
Honigmelone	21
Huhn Ei	154
Huhn Eigelb	354
Huhn Leber	136
Karpfen	127
Kirsche	63
Kombualge	-
Kräuter der Provence	-
Kräuter verschiedene	-
Kräuter Wildkräuter	-
Kresse	38
Kürbiskerne	597
Kürbiskernöl	830
Lauch (Porree)	75
Leinöl	900
Lilienzwiebel	-
Mais Grieß (Polenta)	345
Mangold	23

Maulbeerfrucht	36
Mungobohne	273
Mungobohnensprossen	24
Okra	31
Paprika	20
Pastinake	22
Petersilie	53
Pfifferlinge/Eierschwammerl	12
Quitte	38
Radicchio	17
Reis Langkornreis	347
Reis Rundkornreis	350
Reis Wilder (Naturreis)	353
Reishi	27
Reisnudeln	109
Rind Niere	116
Rosenkohl	29
Rucola (Rauke)	17
Scholle	112
Schwein Fleisch	336
Sellerie Knolle	17
Sellerie Stangensellerie	17
Sesam Paste (Tahini)	663
Sesam, Schwarzer	594
Shiitake, getrocknet	355
Silbermorchel, getrocknet	-
Sojabohnen, Schwarze	418
Sonnenblumenkerne	524
Spargel (grün oder weiß)	15
Spinat	16
Stangenbohnen (Fisolen)	25
Steinpilz/Herrenpilz	20
Süßwasserfisch	-
Taube	-
Tomate	17
Tomate getrocknet	105
Trauben rot	73
Trauben weiß	73
Traubensaft rot	73
Traubensaft weiß	73
Wachtel	175
Wachtel Ei	154
Wakame	-

Walderdbeeren .... -
Wassermelone 34
Weizen 321
Weizen Bulgurweizen 287
Weizen Flocken 321
Weizen Grieß 344
Weizen Grieß - Kindergrieß 344
Weizen Mehl 337
Weizenkleie 172
Zitrone Schale .... -
Zitrone, Limette 95
Zucchini 19

7.2 Zutaten verwenden: ja

xxx Ahornsirup 268
Apfel (sauer) 60
Apfel (süß) 60
Apfelsaft (Naturtrüb) 50
Birnensaft 68
Blumenkohl (Karfiol) 27
Bohnenöl .... -
Bratöl .... -
Brokkoli 33
Buchweizen .... -
Bulgur (Getreide) .... -
Butter Bio 754
Cashewnüsse 600
Chinakohl 16
Clementinen 48
Couscous 345
Creme fraiche 387
Dinkel 320
Dinkel Brot 337
Dinkel Flocken 327
Dinkel Grieß 337
Dinkel Vollkornmehl 337
Distelöl 899
Erdnüsse .... -
Erdnussöl 895
Feige 78
Feige getrocknet 239
Flaschenkürbis 13

Gans	342
Gans (Gänseklein)	354
Gemüsesaft	18
Gerste	354
Gerste (Nacktgerste)	354
Haselnüsse	656
Heidelbeersaft	37
Himbeere getrocknet (unreife)	-
Hiobsträne (Samen) YiYi Ren	-
Hirse	362
Hirseflocken	369
Holunderblütentee	237
Ingweröl	-
Johannisbeere (rot)	45
Johannisbeere (schwarz)	54
Johannisbeere (weiß)	38
Kamille	1
Kaninchen Fleisch	154
Kaninchen Leber	-
Karotte (Frühkarotte)	21
Karotte (Mohrrübe, Möhre)	41
Karottensaft ohne Zucker	41
Kartoffel	68
Kefir	50
Kichererbsen	346
Kohlrabi	31
Kokosraspeln	604
Koriander	321
Kuzu	342
Linsen (Helmbohnen)	110
Linsen gelb	77
Linsen rot	77
Linsen schwarz	77
Lychee	76
Lychee (Konserve)	98
Mais	375
Malventee	-
Malz	281
Mandarine	45
Mandeln	640
Margarine	720
Margarine (Diät)	720
Melisse	-

Morchel (schwarz, getrocknet)	10
Nachtkerzenöl	-
Nierenbohnen (rote)	314
Oliven	352
Olivenöl	897
Pfeilwurzelmehl	-
Pinienkerne	674
Pintobohnen gesprenkelt	-
Pistazien	638
Preiselbeere	46
Preiselbeersaft	23
Quinoa	343
Radieschen	20
Rapsöl	917
Reis Basmatireis	334
Reis Duftreis	351
Reis Roter	-
Reis Schwarzer	-
Reis Sorte beliebig	351
Reis Süßer	-
Reis Vollkorn	353
Reismehl	351
Rettich schwarz	19
Roggen	312
Roggenmehl	312
Rotkohl	18
Safran	349
Salbei	315
Salz	-
Sauerampfer	27
Sauerkirsche	58
Sauerkraut	-
Schwarzaugenbohnen	-
Schwarzwurzel	17
Schwein Haut	-
Schwein Haxe (Eisbein)	194
Schwein Herz	89
Schwein Leber	124
Schwein Magen	-
Sesam, Weißer	594
Sesamöl	896
Soja Cuisine (Soja-Sahne)	418
Soja Tofu	72

Sojabohne	418
Sojabohnen, Gelbe	418
Sojabohnenmilch	31
Sojamehl	418
Sonnenblumenöl	898
Stachelbeere	38
Süßkartoffel	118
Tintenfisch	87
Topinambur / Erdbirne	31
Vanille	-
Vanillepulver	-
Walnussöl	896
Wasser	-
Wasser heiss	-
Weißdorn	-
Weizenkeimöl	879
Zucker Melasse	400

7.3 Zutaten verwenden: wenig

Adzukibohnen	263
Amaranth	374
Anis (gemeiner Fenchel)	378
Aprikose	42
Aubergine	25
Austern	72
Bambussprossen	10
Bataviasalat	-
Buschbohnen	26
Butterbohnen weiße	274
Cumin (Kreuzkümmel)	411
Datteln getrocknet	325
Dill	43
Eisbergsalat	13
Essig (Apfelessig)	21
Essig (Rotweinessig)	21
Essig Aceto Balsamico	21
Fasan	143
Feldsalat	14
Fencheltee	-
Frischkäse	274
Granatapfel	44
Grapefruit/Pampelmuse/Pomelo	43

Grapefruitsaft............47
Grünkern............324
Hafer............389
Hafer Flocken (Vollkorn)............399
Hafer Flocken geröstet............353
Hafer Mehl............388
Hafer Milch............45
Hafer Schmelzlocken (Babynahrung)............399
Hafer Schrot............389
Hagebuttentee............205
Honig302
Huhn Fleisch............102
Huhn Herz............124
Huhn Magen............-
Joghurt (Natur, 1,5 % Fett)............48
Joghurt (Natur, 3,5 % Fett)............68
Karambole/Sternfrucht............31
Kastanien (Maronen)............173
Kaviar............239
Kirschsaft............58
Kiwi............56
Klettenwurzeltee............-
Kokosflocken............604
Kokosmilch............24
Kopfsalat............17
Kuhmilch (1,5 % Fett)............45
Kuhmilch (Vollmilch 3,5 % Fett)............64
Kürbis............27
Lachs............130
Limabohnen............80
Longane............60
Löwenzahn (junger)............46
Löwenzahnwurzeltee............-
Makrele............180
Mandelmilch............624
Mandelmus............624
Mandeln Marzipan............486
Mango............59
Marillen............55
Meeräsche............113
Mozzarella............266
Papaya............13
Parmesan............440

Pfirsich	43
Pfirsich (Dose)	43
Pflaume	47
Pute Brustfleisch	102
Quargel 20%	125
Reh Fleisch	160
Reismalz	316
Rettich (weiß, grün, lila-rot)	19
Rhabarber	18
Rind Filet	116
Rind Fleisch	148
Rind Fleischknochen	11
Rind Herz	124
Rind Knochenmark	837
Rind Leber	121
Rind Lunge (Kalb)	94
Rind Magen	94
Rindfleisch (Kalb)	137
Römersalat/Lattich-Salat	-
Rosinen	272
Rotbarsch	105
Sago (Getreide)	341
Sardellen/Sardine	124
Saubohnen (Dicke Bohnen)	309
Schafgarbentee	-
Schimmelkäse	454
Schwarze Bohnen	-
Sojaöl	899
Walnüsse	690
Weiße Bohnen	112
Zucker (weiß, aus Rüben)	400
Zucker braun	406
Zucker Fructose Fruchtzucker	400
Zucker Glukose Traubenzucker	400
Zucker Kandis weiß	400
Zucker Milchzucker	400
Zucker Ursüße (Zuckerrohr) süß	400
Zwiebel Frühlingszwiebel	28
Zwiebel rot	28
Zwiebel Schalotte	22
Zwiebel weiss	28

7.4 Kontraindikativ wirkende Lebensmittel nicht verwenden

Aal
Ananas
Ananas (aus der Dose)
Ananassaft ungezuckert
Banane
Banane Kochbanane
Bier (Altbier)
Bier (Pils)
Boxhornkleesamen
Buttermilch
Chili (Schote oder gemahlen)
Curcuma (Gelbwurz)
Curry
Currypaste rot
Estragon
Gänseei
Garnele
Getreidekaffee
Grüner Tee
Hammel
Hase
Hirsch Fleisch
Hummer
Ingwer frisch
Ingwer Pulver
Kabeljau
Kaffee
Kakao
Knoblauch
Krabbe
Kümmel
Kümmel gemahlen
Kumquat
Lamm Fleisch
Lamm Knochen
Lamm Leber
Lamm Nieren
Lamm Schulter
Languste
Lauchzwiebel Schnittlauch

Liebstöckel
Majoran
Meereskrebs
Miesmuscheln
Mineralwasser
Mittelmeerfisch (Kabeljau, Scholle, Schellfisch, Seeaal, Makrele)
Mohn
Muskatnuss
Nelke
Orange
Orangensaft
Oregano getrocknet
Paprika (Rosenpaprika)
Peperoni, rot, entkernt, halbiert
Pfeffer (gemahlen)
Pfeffer Cayenne
Pfeffer Körner
Pfeffer weiss (gemahlen)
Piment
Rosmarin
Rotwein
Sahne, süß 30%
Sake
Sauermilch
Sauerrahm 15% Fett
Schaffleisch
Schafskäse
Schafsmilch
Schnaps
Schwarzkümmel
Schwarztee
Senfsamen
Sojapaste (Miso)
Sojasauce
Sternanis
Thunfisch
Thymian
Topfen 20%

Topfen 40%
Umeboshipflaumen
(Japanaprikosen)
Wacholderbeere
Weißwein
Weizen Bier
Wermut
Wildschwein Fleisch
Yogitee

Ysop
Ziege
Ziegen- und Schafsmilch
Ziegenkäse
Zimtpulver
Zimtstange
Zitrone
Zitrone Saft

8 Therapeutische Kräuter und deren Wirkungen

Keine definiert

9 Kräuter aus den Rezepten und deren Wirkungen

9.1 Basilikum

Wirkt wohltuend bei Blähungen und Übelkeit, entkrampfend und beruhigend.
Trocknet aus, leitet nach unten.

9.2 Dill

Gegen Blähungen, krampflösend bei Magen-Darm-Beschwerden
Bewegt Qi, löst Stagnation, leitet nach oben.

9.3 Kerbel getrocknet

Kühlt Hitze.

9.4 Kresse

Harntreibend, unterstützt das Wasserlassen.
Bewegt Qi und Blut, diuretisch, kühlt bei innerer Hitze, befeuchtet Lunge, löst Stagnation, leitet nach oben.

9.5 Lauchzwiebel Schnittlauch

Bakterizid, beugt Krebs vor, stärkt Magensaftproduktion, fördert

Verdauung und Durchblutung, fördert das Wachstum, löst Stagnation.
Leitet nach oben.

9.6 Liebstöckel

Regt Verdauung an, reduziert Schmerzen.
Reduziert inneren Wind, Feuchtigkeit, löst Stagnation, leitet nach oben.

9.7 Lilienzwiebel

Beruhigt Nerven.

9.8 Makannasternsamen

Stärkt Milz, lindert Diarrhö, reduziert Ausfluss.

9.9 Oregano getrocknet

Fördert Verdauung
Trocknet aus, leitet nach unten.

9.10 Petersilie

Regt Leberfunktion an, entgiftet.
Nährt Blut und Leber, harmonisiert Leber und Milz, stärkt Sehkraft, bewahrt die Säfte, zieht zusammen.

9.11 Rosmarin

Fördert Verdauung, stärkt Lunge, Milz und Niere.
Trocknet aus, leitet nach unten. Stärkt Herz, Lunge und Milz-Qi, Stärkt Leber-Blut. Stärkt Herz-Yin. Vertreibt Milz Hitze/Kälte Feuchtigkeit. Stärkt Milz- und Nieren-Yang

9.12 Salbei

Trocknet aus, gegen Hefepilzinfektionen.
Vertreibt Schleim, leitet nach unten, Aktiviert Wei Qi, stärkt Qi.

9.13 Schwarzkümmel

entkrampfend, immunregulatorisch. Außerdem soll das Öl die Bildung von Knochenmarkszellen anregen und allgemein Körperzellen vor Viren schützen.

9.14 Thymian getrocknet

Stärkt Lunge und Milz.

9.15 Yamswurzel, Yamswurzelknolle

Baut Lunge, Milz, Niere auf.

10 Grundlagen der Ernährung

Die hier beschriebenen Grundlagen der Ernährung zeigen allgemeine Empfehlungen und beziehen sich nicht auf eine spezielle Therapieform. Die Empfehlungen der Therapie haben Vorrang.

10.1 Ernährung

Die regelmäßige Einnahme von Mahlzeiten in entspannter Atmosphäre. Ein wärmendes Frühstück gilt als guter Start in den Tag. Mittags sollte die Hauptmahlzeit stattfinden - das Abendessen am frühen Abend.

Die Beachtung von Hunger- und Sättigungsgefühlen: Nicht überessen und nicht hungern, so lautet die Regel.

Die frische Zubereitung der Speisen aus naturbelassenen, regionalen Produkten. Tiefgekühlte, hitzekonservierte, industriell vorgefertigte oder mikrowellengegarte Lebensmittel werden abgelehnt.

Die Auswahl von Lebensmittel nach der Jahreszeit: Im Sommer mehr kühlende Nahrung, im Winter mehr wärmende Nahrung.

Mindestens zweimal am Tag Gekochtes essen. Speisen und Getränke sollen möglichst handwarm, niemals eiskalt oder heiß sein.

Rohkost, kurz gegartes Gemüse, frisch gepresste Säfte und Mineralwasser werden üblicherweise nicht empfohlen. Milch und Milchprodukte stehen nur dann auf dem Speiseplan, wenn sie problemlos vertragen werden.

Therapeutische Rezepte nicht über einen längeren Zeitraum ohne Rücksprache mit dem Arzt oder Therapeuten einnehmen.

1. Vielseitig essen
Lebensmittelvielfalt genießen. Merkmale einer ausgewogenen Ernährung sind abwechslungsreiche Auswahl, geeignete Kombination und angemessene Menge nährstoffreicher und energiearmer Lebensmittel. (Einerseits Schutz vor Unterversorgung mit essentiellen Nährstoffen und andererseits Schutz vor einer überhöhten Zufuhr unerwünschter Inhaltsstoffe.)

2. Reichlich Getreideprodukte - und Kartoffeln
Brot, Nudeln, Reis, Getreideflocken (am besten aus Vollkorn), sowie

Kartoffeln enthalten kaum Fett, aber reichlich Vitamine, Mineralstoffe, Spurenelemente sowie Ballaststoffe und sekundäre Pflanzenstoffe. Diese Lebensmittel sollten mit möglichst fettarmen Zutaten verzehrt werden.

3. Gemüse und Obst - Nimm "5" am Tag ...
5 Portionen Gemüse und Obst am Tag, möglichst frisch, nur kurz gegart, oder auch eine Portion als Saft – idealerweise zu jeder Hauptmahlzeit und auch als Zwischenmahlzeit: Damit werden reichlich Vitamine, Mineralstoffe sowie Ballaststoffe und sekundären Pflanzenstoffe (z.B. Carotinoiden, Flavonoiden) zugeführt. Das Beste, was man für die eigene Gesundheit tun kann.

4. Täglich Milch und Milchprodukte, ein- bis zweimal in der Woche
Fisch; Fleisch, Wurstwaren sowie Eier in Maßen. Diese Lebensmittel enthalten wertvolle Nährstoffe, wie z.b. Calcium in Milch, Jod, Selen und Omega-3-Fettsäuren in Seefisch. Fleisch ist wegen des hohen Beitrags an verfügbarem Eisen und an den Vitaminen B1, B6 und B12 vorteilhaft. Mengen von 300 - 600 g Fleisch und Wurst pro Woche reichen hierfür aus. Fettarme Produkte bevorzugen, vor allem bei Fleischerzeugnissen und Milchprodukten.

5. Wenig Fett und fettreiche Lebensmittel
Fett liefert lebensnotwendige (essenzielle) Fettsäuren und fetthaltige Lebensmittel enthalten auch fettlösliche Vitamine. Fett ist besonders energiereich, daher kann zu viel Nahrungsfett Übergewicht fördern, möglicherweise auch Krebs. Zu viele gesättigte Fettsäuren fördern langfristig die Entstehung von Herz-Kreislauf-Krankheiten. Pflanzliche Öle und Fette bevorzugen (z.B. Raps-, Oliven- und Sojaöl und daraus hergestellte Streichfette). Auf unsichtbares Fett achten, das in Fleischerzeugnissen, Milchprodukten, Gebäck und Süßwaren sowie in Fast-Food- und Fertigprodukten meist enthalten ist. Insgesamt 70 - 90 Gramm Fett pro Tag reichen aus.

6. Zucker und Salz in Maßen
Nur gelegentlich Zucker und Lebensmittel, bzw. Getränke verzehren, die mit verschiedenen Zuckerarten (z.B. Glucosesirup) hergestellt wurden. Kreativ mit Kräutern und Gewürzen und wenig Salz würzen. Jodiertes Speisesalz bevorzugen.

7. Reichlich Flüssigkeit
Wasser ist absolut lebensnotwendig. Jeden Tag rund 1-2 Liter Flüssigkeit trinken. Wasser (ohne oder mit Kohlensäure) und andere kalorienarme Getränke bevorzugen. Alkoholische Getränke sollten nicht konsumiert

werden.

8. Schmackhaft und schonend zubereiten
Die jeweiligen Speisen bei möglichst niedrigen Temperaturen garen, soweit es geht kurz, mit wenig Wasser und wenig Fett - das erhält den natürlichen Geschmack, schont die Nährstoffe und verhindert die Bildung schädlicher Verbindungen.

9. Sich Zeit nehmen und das Essen genießen
Bewusstes Essen hilft, richtig zu essen. Auch das Auge isst mit. Sich beim Essen Zeit lassen. Das macht Spaß, regt an, vielseitig zuzugreifen und fördert das Sättigungsempfinden.

10. Auf das Gewicht achten und in Bewegung
Ausgewogene Ernährung, viel körperliche Bewegung und Sport (30 bis 60 Minuten pro Tag) gehören zusammen. Mit dem richtigen Körpergewicht fühlt man sich wohl und fördert die Gesundheit.
Thermik, Wirkrichtung, Verdauungskraft
Es gibt unterschiedliche Kriterien, die Wirksamkeit von Kräutern und Lebensmittel zu beurteilen. Der Einsatz der Kräuter und Zutaten basiert auf Beobachtung, was die Lebensmittel, Kräuter und Gewürze nach ihrem Verzehr im Körper bewirken. In der Medizin hat sich daraus folgendes System entwickelt: Jede Zutat oder Kraut hat eine Wirkrichtung. Außerdem gibt es noch Kräuter, die eine besondere Wirkung auf bestimmte Organe haben.

Voraussetzung für einen gesunden Stoffwechsel ist es, darauf zu achten, dass wir ausreichend Energie aus der Nahrung gewinnen und der Verdauungsprozess so wenig Energie wie möglich verbraucht. Eine bekömmliche Mahlzeit macht zufrieden und satt, verursacht keine Blähungen und keine Müdigkeit nach dem Essen. Richtiges Würzen erhöht die Bekömmlichkeit unserer Speisen. Es genügen oft schon geringe Mengen an Kräutern und Gewürzen. Sie dienen nicht dazu, uns satt zu machen, sondern helfen unseren Verdauungsorganen, die Nahrung zu verdauen.

10.2 Rezepte

Die Rezepte zeigen Ihnen welche Zutaten verwendet werden, sowie mit der Kochanleitung wie diese zubereitet werden. Bei den Zutaten wird neben den Mengenangaben auch die Wichtigkeit für die Therapie, das Wärmeverhalten sowie das Element angezeigt. Wenn dabei angezeigt wird "weniger als angegeben" versuchen Sie diese Empfehlung einzuhalten oder eine Alternative aus der Liste der "Empfohlenen Lebensmittel" zu finden. Meistens ist es nur eine leichte geschmackliche Änderung wenn Sie diese Zutat gänzlich weglassen.

Schonende Kochmethoden: Kochen, dämpfen, pochieren, dünsten
Scharfe Kochmethoden: Grillen, rösten, anbraten, räuchern
Ausgeglichene Kochmethoden: Frittieren, Römertopf

Auf das Einfrieren und erwärmen in der Mikrowelle sollte verzichtet werden (Denaturierung).

10.2.1 Rezepte nach Folge der Elemente kochen

In der TCM werden die Zutaten der Rezepte möglichst in der Reihenfolge der Elemente verwendet, welches eine erhöhte Bekömmlichkeit und energetische Qualität ergibt. Den Beginn macht die Kochmethode mit der begonnen wird. Wird in einer Pfanne oder Topf etwas erwärmt ist das Element das Feuer. Diese 5 Elemente stehen in Beziehung zueinander und haben eine natürliche Reihenfolge, die den Jahreszeiten entspricht.
Metall - Wasser - Holz - Feuer - Erde.
So stärkt das jeweilige Element das das ihm nachfolgende. Die Zutaten können dann in Gruppen der jeweiligen Elemente beigegeben werden. Es sollten nach Möglichkeit immer alle 5 Elemente in einer Speise vorhanden sein. Das Element mit dem man aufhört, ist am wirksamsten. Das bedeutet, gebe Sie am Ende noch etwas Petersilie über das Gericht, hat es den größten Einfluss auf die Leber, da sowohl Petersilie als auch die Leber zum Holzelement zählen.

Wenn Sie nach dieser Methode kochen wollen, sollten Sie bei einem TCM-Ernährungsberater oder einem TCM-Kochkurs weitere Feinheiten kennen lernen. Grundlagen sehen Sie auf:
https://de.wikipedia.org/wiki/Fünf-Elemente-Lehre

Organ	Element
Leber, Galle	Holz
Herz, Dünndarm	Feuer
Milz, Magen	Erde
Lunge, Dickdarm	Metall
Nieren, Blase	Wasser

10.3 Lebensmittel

In der Traditionell Chinesischen Medizin werden alle Lebensmittel den 5 Elementen Holz, Feuer, Erde, Metall und Wasser zugeordnet.

Lebensmittel wirken wie Heilkräuter auf Körper und Geist, nur wesentlich sanfter. Die Ernährungsberatung stützt sich hauptsächlich auf heimische Lebensmittel. Das Wissen über die Wirkungsweisen jedes einzelnen Lebensmittels und das Wissen wann welche Lebensmittel zur Anwendung kommen, entstammt der Schulmedizin. Verwende Sie möglichst Erzeugnisse aus ökologischen-biologischem Landbau.

Da wegen der besseren Verdaulichkeit grundsätzlich alles lange gekocht und kaum roh gegessen wird, ist die Verträglichkeit hervorragend.

Die Einteilung der Lebensmittel entsprechend ihrer Wirkung auf den Körper und bildet die Basis, um einen ausgewogenen und harmonischen Gesundheitszustand im Körper zu erreichen.

Grundsätzlich empfiehlt die Ernährungsberatung keine bestimmten Lebensmittel für Jedermann. Ausschlaggebend für den individuellen Speiseplan ist vor allem die persönliche Konstitution.

Kaufen Sie nur frisches und reifes Obst und Gemüse ein. Braune Stellen, welke Blätter aber auch unreifes Obst und Gemüse sollten Sie im Supermarkt zurücklassen. Greifen Sie dann zu Tiefkühlware (keine Fertiggerichte!). Tiefkühlobst und -gemüse werden kurz nach dem Ernten schockgefroren und enthalten deshalb oftmals mehr Vitamine und Mineralstoffe, als die Ware aus der Obst- und Gemüsetheke! Konserven- und Dosenware dagegen enthält wesentlich weniger Biostoffe. Zudem werden Letztere meist mit Salz, Zucker usw. angereichert. Lassen Sie die Zutaten nach dem Waschen nie im Wasser liegen, denn so gehen viele Vitalstoffe ins Wasser über! Putzen Sie Salate, Früchte und Gemüse erst unmittelbar vor Verzehr.

Beachten Sie bitte die hygienische Verarbeitung der Lebensmittel. Waschen Sie Ihre Salate, Früchte und Gemüse gründlich. Bei Gerichten mit Fleisch bereiten Sie zuerst die Zutaten vor und verarbeiten dann die Fleischprodukte. Reinigen Sie danach die Arbeitsflächen und Werkzeuge besonders gründlich. Holzunterlagen sollten regelmäßig mit leichtem Desinfektionsmittel behandelt werden um die Keimbildung einzuschränken.

Bewahren Sie Obst und Gemüse möglichst getrennt voneinander auf. Auch geerntete Früchte und Gemüse leben und strömen z.B. Ethylengas aus, das andere Sorten schneller reifen und altern lässt. Fleisch und Fisch in der verschlossenen Verpackung lassen oder in luftdichten Boxen im Kühlschrank aufbewahren.

10.4 Kräuter

Bei der Aufbewahrung und Lagerung von Heilkräutern, müssen gewisse Grundregeln beachtet werden. Grundsätzlich müssen Heilkräuter geschützt vor direkter Sonneneinstrahlung, vor Feuchtigkeit und vor heißen Temperaturen gelagert werden.

Als Gefäße für die Lagerung von Heilkräutern können Gläser, Keramik-Behälter und zur Not auch Plastik-Dosen eingesetzt werden. Plastik ist aber ein sehr unreines Material und sollte daher wirklich nur eine kurzfristige Notlösung sein. Bei Glasbehältern ist darauf zu achten, dass dunkles Glas verwendet wird.

Heilkräuter können nicht beliebig lange aufbewahrt werden. Die Haltbarkeit von Heilkräutern ist auf jeden Fall begrenzt. Durch die Haltbarkeitsdauer kann durch sachgerechte Lagerung wesentlich erhöht werden. So soll der Lagerplatz dunkel, eher kühl und absolut trocken sein. Ein Medizinschrank aus Holz, der nicht direkt bei einer Wärmequelle platziert ist wäre ideal. Um Ihre Heilkräuter nicht wegwerfen zu müssen, kaufen Sie nicht zu große Mengen an Heilpflanzen. Beschriften Sie die Behälter mit dem Namen des Heilkrauts und dem Datum der Ernte bzw. der Verarbeitung.

11 Weitere Ernährungsvorschläge

Folgende Syndrome der Diätetik, der TCM oder als Therapieergänzung bei Krebs sind verfügbar.

DIÄTETIK
1. Ernährung des Säuglings - Beikost
2. Ernährung in der Stillzeit
3. Ernährung im Alter
4. Ernährung von Kindern und Jugendlichen
5. Ernährung von Sportlern
6. Leichte Vollkost
7. Schwangerschaft
8. Vollkost

Eiweiß und Elektrolyt – Nieren
9. (Hämo-)Dialysebehandlung
10. Akutes Nierenversagen
11. Chronische Niereninsuffizienz
12. Nephrotisches Syndrom
13. Nierensteine (Nephrolithiasis)

Gastrointestinaltrakt - Bauchspeicheldrüse
14. Akute Pankreatitis (Entzündung der Bauchspeicheldrüse)
15. Chronische Pankreatitis (Entzündung der Bauchspeicheldrüse)

Gastrointestinaltrakt - Dünndarm und Dickdarm
16. Akute Obstipation (Verstopfung)
17. Chronische Obstipation (Verstopfung)
18. Colon irritabile
19. Divertikulitis
20. Erworbene Laktoseintoleranz (Laktosemalabsorption)
21. Fruktosemalabsorption
22. Glutensensitive Enteropathie (Zöliakie)
23. Kolektomie
24. Kurzdarmsyndrom

Gastrointestinaltrakt - Leber, Gallenblase, Gallenwege
25. Akute und chronische Hepatitis (Entzündung der Leber)
26. Cholelithiasis (Gallensteine)
27. Fettleber
28. Leberzirrhose

Gastrointestinaltrakt - Magen und Zwölffingerdarm
29. Akute Gastritis
30. Chronische Gastritis
31. Magenblutung
32. Ulcus ventriculi und Ulcus duodeni
33. Zustand nach Magenoperation

Gastrointestinaltrakt - Mundhöhle und Speiseröhre
34. Mundschleimhautentzündung
35. Ösophaguskarzinom (Speiseröhrenkrebs)
36. Reflüxösophagitis (Sodbrennen)

spezielle Krankheiten
37. Phenylketonurie (PKU)

38. Rheumatische Gelenkserkrankungen
Stoffwechsel
39. Adipositas (Übergewicht)
40. Diabetes mellitus
41. Essstörungen (Untergewicht)
Fettstoffwechsel
42. Hypercholesterinämie (erhöhter Cholesterinspiegel)
43. Hepatische Enzephalopathie
Herz- und Kreislauf
44. Arteriosklerose (Arterienverkalkung)
45. Herzinsuffizienz
46. Hypertonie (Bluthochdruck)
47. Hyperurikämie und Gicht
veränderter Nährstoffbedarf
48. bei Fieber
49. bei malignen Erkrankungen
50. nach Verbrennungen
51. Strahlen- und Chemotherapie

KREBS
100. Bauchspeicheldrüse
101. Blasenkrebs
102. Blutkrebs (Leukämie)
103. Brustkrebs
104. Darmkrebs
105. Magenkrebs
106. Nierenkrebs
107. Speiseröhrenkrebs

TCM
200. Blase - Feuchte Hitze in der Blase
201. Blase - Feuchtigkeit und Kälte in der Blase
202. Blase - Leere und Kälte in der Blase
203. Dickdarm - äussere Kälte befällt den Dickdarm
204. Dickdarm - Feuchte Hitze im Dickdarm
205. Dickdarm - Hitze blockiert den Dickdarm II akut
206. Dickdarm - Trockenheit des Dickdarms
207. Dickdarm - Yang Mangel (Kälte)
208. Herz - Blut Mangel
209. Herz - Blut Stagnation
210. Herz - Feuer
211. Herz - Heisser Schleim verstopft die Herzporen
212. Herz - Kalter Schleim verstopft die Herzporen
213. Herz - Qi Mangel
214. Herz - Yang Mangel
215. Herz - Yin Mangel
216. Leber - aufsteigender Leber-Yang
217. Leber - Blut-Mangel
218. Leber - Blut-Stagnation
219. Leber - feuchte Hitze in Leber und Gallenblase
220. Leber - Feuer
221. Leber - Gallenblase Qi-Leere
222. Leber - Kälte im Lebermeridian

223. Leber - Qi-Stagnation
224. Leber - Wind
225. Leber - Wind mit aufsteigendem Leber Yang
226. Leber - Wind mit Blutleere
227. Leber - Wind mit extremer Hitze
228. Lunge - Qi Mangel
229. Lunge - Schleim-Feuchtigkeit in der Lunge
230. Lunge - Schleim-Hitze in der Lunge
231. Lunge - Schleim-Kälte in der Lunge
232. Lunge - Trockenheit der Lunge
233. Lunge - Wind-Hitze befällt die Lunge
234. Lunge - Wind-Kälte befällt die Lunge
235. Lunge - Yin Mangel
236. Magen - Blutstagnation
237. Magen - Feuer
238. Magen - Magenkälte mit Flüssigkeit
239. Magen - Nahrungsstagnation
240. Magen - Qi Mangel
241. Magen - rebellierendes Magen Qi
242. Magen - Yin Leere
243. Milz - Hitze und Feuchtigkeit befällt die Milz
244. Milz - Kälte und Feuchtigkeit befällt die Milz
245. Milz - Qi Mangel
246. Milz - Qi Mangel + Absinkendes MilzQi
247. Milz - Qi Mangel + Milz kontrolliert das Blut nicht
248. Milz - Yang Mangel
249. Niere - Herz und Niere kommunizieren nicht mehr
250. Niere - Jing Mangel
251. Niere - Nieren können das Qi nicht empfangen
252. Niere - Qi ist nicht fest
253. Niere - Yang Mangel
254. Niere - Yin Mangel

12 EBNS - Software für die Ernährungsberatung

Die Hauptaufgabe der Datenbank ist eine „**personalisierte Ernährungsberatung**" für jeden Patienten individuell. Die Datenbank wurde für die Diätetik und Traditionellen Chinesischen Medizin entwickelt. Sie Unterstützt bei der Ausbildung und Beratung im Arbeitsalltag.

Das Computerprogramm liefert Listen von Rezepten, Zutaten und Kräuter, welche dem Klienten mitgegeben werden. Individuell nach Patienten-Wunsch von Vollkost bis Vegetarier (Lacto-, Ovo-, ...) einstellbar. Zu jedem Register gibt es ein INFOBLATT welches einmal dem Klienten mitgegeben werden kann.

Die Syndrome sind kombinierbar und ergeben eine Schnittmenge der empfehlenswerten Rezepte und Zutaten. Die automatisierte Diagnose für die TCM ermöglicht Ihnen während der Ausbildung Ihre Erfahrungen zu überprüfen sowie im Arbeitsalltag ihre Diagnose zu bestätigen. Sie wählen mehrere vordefinierte Symptome und lassen sich vom Programm die relevanten Syndrome automatisch anzeigen.

Wie Sie mit der Datenbank arbeiten können:
Sie können alle Werte verändern, neue Symptome oder Syndrome anlegen, Rezepte entwickeln, verändern oder Zutaten und Kräuter an Ihre Erkenntnisse anpassen. In der einfachen Klientenverwaltung werden alle relevanten Daten zu der Person gespeichert. Sie bekommen einen Überblick über die zurückliegenden Diagnosen und die Entwicklung des Krankheitsverlaufes.

Als Berater sparen Sie viel Zeit, wenn Sie für die erkannten Syndrome die Rezept-, Lebensmittel- und Kräuterlisten ausdrucken und den Klienten mitgeben. Diese Zeit können Sie für das persönliche Gespräch nutzen.

Alle Rezept- und Lebensmittellisten können Sie auch als Kombination mehrerer Erkrankungen bestellen. Mit der Datenbank können Sie außerdem für jedes Rezept die Nährstoffe und Spurenelemente angezeigt bekommen und Rezepte für Syndrome selbst mit vorgeschlagenen Zutaten entwickeln.

Weitere Informationen finden Sie auf http://www.ebns.at.
Josef Miligui, Tel.: +43 660 121 05 00